CONTENTS

Chapter 4　からだの不調を整えてくれるお茶

Chapter 5 その土地ならではの少し珍しいお茶

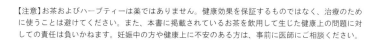

【注意】お茶およびハーブティーは薬ではありません。健康効果を保証するものではなく、治療のために使うことは避けてください。また、本書に掲載されているお茶を飲用して生じた健康上の問題に対しての責任は負いかねます。妊娠中の方や健康上に不安のある方は、事前に医師にご相談ください。

Chapter 1

親しみを感じる
定番のお茶

ORDINARY TEA

お湯の温度や茶葉の量、抽出時
間で水色（すいしょく）が変わる。

やっぱり知りたい 煎茶 のはなし

　お茶といえば明るい緑色をした緑茶、すなわち煎茶を思い浮かべ
る人が多いのではないでしょうか。煎茶は日本茶のなかで最も多く
飲まれ、私たちの生活には欠かせない飲み物です。程よい渋味と爽
やかな香りが特徴ですが、同じ茶葉を使っても、淹れ方によって味
や印象が異なる点が煎茶の奥深さを物語ります。

　まずは、基本の淹れ方を覚えておきましょう。

①お湯を湯飲みに注ぎ、約80℃になるまで冷まします。

②約3gの茶葉を急須に入れたら湯飲みのお湯を急須に注ぎ、約1分
待ちます。抽出したお茶を湯飲みに注げば出来上がり。

【左】茶葉の形状が針のように細かくよれている。【右】煎茶の製法を考案した永谷宗円の生まれ故郷、京都府宇治田原町の茶畑。

　中国から日本へお茶が伝わったのは奈良〜平安時代ですが、煎茶が生まれたのは江戸時代中期になってから。宇治の永谷宗円により、茶葉を蒸して揉み、乾燥させるという煎茶の製法が普及しました。

　煎茶は、摘採（てきさい）の季節によって一番茶、二番茶、三番茶に分けられます。なかでも、立春から88日数えた5月初旬の八十八夜に摘み取られる新茶（一番茶）は、アミノ酸が多く含まれているためうま味が強く、爽やかな香りが楽しめることから珍重されています。一方、苦味成分のカテキンが多く含まれる二番茶を好む人も少なくありません。また、通常の煎茶より茶葉を長く蒸した深蒸し煎茶は色が濃く、まろやかな味わいがあります。煎茶だけでもさまざまな種類があるので、飲み比べてみるのもよいでしょう。

SENCHA 煎茶	
日本茶	
原料	チャノキ
カフェイン あり	発祥地 日本・京都

日本茶のなかでも、
カフェインは多め。

玉露のうま味成分は煎茶の4倍？

　数ある日本茶のなかでも、特段強いうま味とまろやかな甘味を持つ玉露。アオノリのような玉露特有の香り「覆い香」があり、高級茶として知られています。玉露という名は、江戸の茶商「山本山」の商品名に由来し、六代目山本嘉兵衛が、製茶中に茶葉を露のように丸くあぶったことが玉露誕生のきっかけになったといわれています。

　茶葉に含まれるうま味成分テアニンは、日光を浴びるとカテキンに変化しますが、日光を遮ることでカテキンの生成が抑制され、渋味が少なく、うま味と甘味の強いお茶になります。この特性を生かした栽培方法が「被覆栽培」で、玉露の茶葉は新芽が開き始めた頃に

【左】寒冷紗で覆われた茶園。収穫時は、1枚1枚丁寧に手摘みされる。【右】深く濃い緑色を持つ玉露の茶葉。

GYOKURO	
玉露	
日本茶	
原料	チャノキ
カフェイン	発祥地
あり	日本・京都

茶園全体を寒冷紗^{かんれいしゃ}*やワラで20日間ほど覆って育てられます。また、生産地によっては、収穫した茶葉を蔵の中で数カ月間寝かせ、熟成させてから出荷します。そうすることで、覆い香が引き立ち、うま味が茶葉全体に行き渡った上質なお茶に仕上がるのです。

玉露は高温のお湯で淹れると苦味成分のカテキンが溶け出してしまうので、50〜60℃程度の低温で淹れるのがおいしく作るコツ。玉露に豊富に含まれるテアニンには、リラックス効果やストレス軽減効果があることが分かっており、睡眠の質を改善するサプリメントにもよく配合されています。また、起床時の疲労感や眠気が気になる方は、目覚めの一杯におすすめです。

*荒く平織で織り込まれた薄い布

9

熱湯で淹れてもおいしいことから、
「熱湯玉露」と呼ばれることもある。

濃厚な甘味と爽やかな香りの かぶせ茶

　玉露と煎茶の中間に位置するお茶、かぶせ茶。寒冷紗やワラで1
週間〜10日間前後チャノキを覆い、日光を遮って栽培することか
ら、その名が付きました。玉露も同じような被覆栽培で作られます
が、玉露の場合は被覆期間が20日と長くなります。被覆期間を長め
にすると玉露に近い品質のお茶に、短めにすると煎茶に近いお茶に
なります。日光を当てずに新芽を育てるため、茶葉の色も水色も、煎
茶より濃いのが特徴です。

　全国の日本茶生産量に占めるかぶせ茶の割合はわずか2.5％ほど
で、県別の生産量では三重が全体の6割を占めています。北勢地
_{ほくせい}

【左】収穫する前に1週間〜10日間ほど被覆を行う。【右】かぶせ茶の茶葉。主に関西を中心とする西日本での消費が多い。

域の気候はかぶせ茶の栽培に適しており、とりわけ四日市市水沢は、戦後、玉露や煎茶の生産量が増大するに従い茶葉面積を拡大し、上質なかぶせ茶の産地として有名になりました。関西に近いこともあり、主に西日本で流通しています。

KABUSECHA かぶせ茶	
日本茶	
原料	チャノキ
カフェイン	発祥地
あり	日本

　煎茶は熱め、玉露はぬるめのお湯を使うのがおすすめですが、かぶせ茶の場合は、高温でも低温でも構いません。うま味や甘味をもたらすテアニンは低温でも十分に抽出されるのに対し、渋味のもとであるカテキンは高温で抽出されやすいという特徴があるので、お湯の温度や蒸らし時間を変えながら味の変化を飲み比べてみるのもおすすめです。手間のかかる被覆栽培ゆえ少し高価ですが、ぜいたくをしたいときに飲んでみてはいかがでしょう。

「番茶」と一口に言っても、その定義は地域によって異なる。

誰でもおいしく淹れられる 番茶

　新芽を刈り取った後の茶葉や、大きく育って硬くなった茶葉などで作られる番茶は、価格が安く、普段使いのお茶として知られています。番茶の由来は、三番茶や四番茶といった遅い時期に摘む意味の「晩茶」が変化して番茶になったという説や、一番茶と二番茶の間で摘み取る「番外のお茶」からきている説などがあります。

　番茶は煎茶と比べるとうま味や苦味が少なく、さっぱりとした飲み口が特徴。カフェインの含有量も少なく、種類によってはノンカフェインのものもあるので、刺激が少なく身体に優しいお茶といわれています。また、熱湯で淹れても苦味が出にくく、長時間置いて

【左】番茶の茶葉。成長した葉を原料とするため、タンニンが多く含まれている。【右】比較的安価なので、普段使いにぴったり。

も渋くなりにくいので、誰でもおいしく淹れることができるのも、番茶のうれしい特徴。

　番茶は、煎茶よりも古くから飲まれてきたお茶ですが、その製法は地方によってさまざまです。例えば、岡山県の美作番茶は、鉄釜で蒸すように煮た後、煮汁をかけながら天日干しをして作られるお茶で、まろやかな味わいとわずかな酸味があります。また、福井県勝山市には、茶の枝を縄ですだれのように編んで軒先に吊るし、飲む前に鍋で軽く炒って煮出すという非常に古い製法の陰干し番茶が伝えられています。なお、北海道や東北、北陸地方では番茶といえばほうじ茶のことを指します。また、各地で作られる自家用茶や粗製の茶などを指すこともあります。

BANCHA 番茶	
日本茶	
原料	チャノキ
カフェイン	発祥地
あり	日本

13

芽茶、粉茶とともに「出物（でもの）」と呼ばれる。

渋味が少なく、特有の香りが楽しめる茎茶

　煎茶や玉露の製造過程で取り除かれる、茎の部分だけを抽出したお茶を茎茶といい、その見た目から「棒茶」とも呼ばれます。「雁ヶ音」と呼ぶ地域もあり、その名は渡り鳥の雁が海上で体を休めるために止まる、浮かぶ小枝に茎の姿形が似ていることに由来するといわれています。よく「茶柱が立つと縁起がいい」といいますが、この茶柱とは茎の部分のことなのです。

　茎は葉と比べると光合成をほとんどしないため、渋味成分であるカテキンの生成が抑えられ、うま味成分のテアニンが豊富に含まれます。そのため、甘味とうま味、そして茎ならではの青々とした爽

【左】茎茶を炒った茎ほうじ茶。通常のほうじ茶よりもさらに香ばしい。【右】茎茶の茶葉。苦味や渋味がなくさっぱりとした軽い味わいが特徴。

やかな香りを持ったお茶になります。価格も比較的安価なことから二級品と思われがちですが、玉露から出た茎茶は玉露の味に近く、お茶好きの間では親しまれています。

　元々渋味が少ないので熱湯でもおいしく淹れられ、お茶本来のうま味と甘味、茎茶特有の香りを楽しむことができます。ただし、高級玉露が元になっている茎茶は少しだけ温度を下げるのがコツ。また、茎茶は水出しで淹れると甘味が増すので、暑い日には水出し茎茶もおすすめです。なお、ほうじ茶のなかには、茎茶を煎じた「茎ほうじ茶」もあり、特に石川県の加賀で作られる「加賀棒茶」は有名です。茎ほうじ茶は、葉の部分を使った通常のほうじ茶よりもマイルドで優しい味わいが楽しめます。

KUKICHA 茎茶	
日本茶	
原料 チャノキ	
カフェイン あり	発祥地 日本

香りを出すため、高温の
お湯で淹れることが大事。

茶色くても緑茶の一種である ほうじ茶

　どこか懐かしく、特有の芳ばしい香りと軽い飲み口が特徴のほう
じ茶。漢字では「焙じ茶」と書き、煎茶や番茶などをキツネ色になる
まで強火で炒って作られるお茶です。少し渋いイメージがあるかも
しれませんが、2015年頃から始まったほうじ茶スイーツなどのブー
ムもあり、近年はほうじ茶の魅力が見直されています。

　ほうじ茶が確立したのは、今から約100年前。当時のお茶屋は、昭
和恐慌による不況のあおりを受け、お茶の在庫を大量に抱えていま
した。売れ残った茶葉は処分するしかありませんでしたが、京都の
茶商は古い茶葉を京都大学に持ち込み、茶の再生をお願いすること

【左】キツネ色になるまで強火で炒って作られるほうじ茶。【右】香ばしさがあるため牛乳との相性が良く、ほうじ茶ラテにする飲み方も人気がある。

HOJICHA ほうじ茶	
日本茶	
原料	チャノキ
カフェイン あり	発祥地 日本

にしました。教授たちはなかなかいい案が浮かばず困っていましたが、研究室の生徒の一人が鍋の中で茶葉を焦がしてしまったことがきっかけとなり、ほうじ茶が生まれたという説があります。その後、お茶の消費量の増加に比例し、全国各地にほうじ茶が広がっていきました。

　ほうじ茶は火入れにより渋味や苦味が少なくなるため、煎茶の苦味が苦手な方や子どもにおすすめです。また、カフェイン含有量が少ないので利尿作用が抑えられ、普段の食事と一緒に飲むのはもちろん、日常的な水分補給にも最適。

　おいしく淹れるコツは、高温のお湯で香り立ちよく淹れることです。蒸らし時間は30秒程度を心がけ、淹れ直す場合は煎を重ねる[*]より新しい茶葉に替えるとよいでしょう。

＊急須にお茶を注ぎ足して同じ茶葉から数回抽出すること

炒り米が入っているので、
カフェインは少なめ。

玄米茶なのに玄米は入ってない？

　玄米茶とは、水に漬けて蒸したお米をキツネ色になるまで炒り、煎茶や番茶の茶葉と合わせたお茶です。お茶本来の香りと炒ったお米の香ばしさのハーモニーを楽しめ、お米を使用しているぶんだけカフェインが少ないのが特徴です。起源は諸説ありますが、昭和初期、鏡開きの際に出る餅のかけらをもったいないと考えた京都の茶商が、これを炒って茶葉に混ぜたのが始まりといわれています。また、昔は玄米が使われていましたが、炒り玄米を使うと風味が強過ぎるため、現在は炒った白米やもち米を使用するのが一般的です。

　玄米茶ならではの香ばしい香りは、炒り米の香り成分ピラジンに

【左】「玄米の花」はそのまま食べることもできる。【右】濃い味の海苔せんべいとさっぱりとした口当たりの玄米茶は好相性。

よるもの。ピラジンには、血流を促進し、脳をリラックスさせる働きがあるとされ、冷え性や肩凝りの緩和、生活習慣病の予防など、うれしい効果がたくさんあります。

　玄米茶をおいしく飲むには、香ばしさを引き立てることが重要なので、高温のお湯で淹れることがポイント。抽出時間を短めにするとさっぱりとした飲み口のお茶になり、食事中や食後のお茶としておすすめです。一方、抽出時間を長めにすると、炒り米のデンプン質が溶け出し、とろみのあるまったりとした口当たりを楽しむことができます。なお、玄米茶に混ざっているポップコーンのような白いものは「玄米の花」と呼ばれる爆ぜたお米で、お茶に浮かべると見た目も華やかになります。

GENMAICHA 玄米茶	
日本茶	
原料	
チャノキ、米	
カフェイン	発祥地
あり	日本

水色は鮮やかな緑色で、味も濃く出る。

寿司屋の「あがり」として定番の粉茶

　粉茶とは、煎茶や玉露の製造過程で茶葉をふるいにかけ、細かい粉状の部分だけを集めたお茶。お湯を注ぐだけで濃い水色のお茶を淹れることができ、味が濃いのに後味はさっぱりしているので、寿司屋のあがりとしてよく出されます。茎茶と同じく「出物」と呼ばれ、比較的安価ですが、質は元となる煎茶や玉露と同等のものなので、価格の割においしいお茶が味わえます。茶葉が細かければ細かいほど、緑茶の成分がお茶に溶け出しやすくなっています。

　粉末茶と混同されがちですが、粉末茶は特殊なミルサーで粉砕されたお茶で、お湯や水で溶けきるものがほとんど。緑茶の有効成分

【左】回転寿司で使用されるお茶は、粉茶ではなく粉末茶。【右】廻しふるいなどで選別された粉茶。粒径は抹茶よりも大きい。

を無駄なく摂取できるというメリットがありますが、加工する際に添加物が加えられているものも少なくありません。一方、粉茶は茶葉そのものなので、お湯で溶けることはなく、淹れた後は茶殻が残ります。そのため、急須で淹れる必要がありますが、茶こしを使用してお湯を注ぎ、湯飲みに直接抽出する方法もあります。寿司屋ではこの淹れ方が一般的です。おいしく淹れるコツは、熱めのお湯で

KONACHA	
粉茶	
日本茶	
原料	チャノキ
カフェイン	発祥地
あり	日本

さっと手早く淹れること。蒸らしてしまうと、味が濃く出過ぎるので注意しましょう。お茶パックを使用してもよいですが、茶こしを使った方がより粉茶の風味が出ます。

　粉茶があれば、家庭でも本格的なあがりが楽しめます。また、寿司のほか、脂っこい食事の後にもおすすめです。

同じ茶葉を使っても抽出方法によって味や成分に違いが出る。

茶葉で淹れる本格的な 水出し冷茶

　夏になると飲む機会が増える冷たい緑茶ですが、冷たい緑茶には2種類あることをご存じでしょうか。一つはお湯で淹れたお茶を冷やして作る「冷茶」で、もう一つは時間をかけて水で抽出する「水出し冷茶」です。

　水出し冷茶は、お湯で淹れたお茶と比較すると、苦味と渋味が少なく、甘味とうま味を感じやすいお茶です。これは、温度によって浸出する成分が異なるためで、うま味成分のテアニンは低温でも溶け出しやすく、渋味成分のエピガロカテキンガレート（EGCG）と、苦味成分のカフェインは、水温が低ければ低いほど溶け出しにくい

【左】茶葉のパックを入れたら放置するだけなので、手軽に作ることができる。【右】暑い夏にうれしい組み合わせの水出し冷茶とようかん。

という性質があるからです。

カテキンの一種エピガロカテキン（EGC）の含有率が高いのも特徴で、このEGCには、呼吸器や消化器などにある粘膜免疫系の働きを活性化し、病原体の侵入を防ぐ効果があることが分かっています。そのため、近年は免疫力アップのお茶として注目されています。また、テアニンにはストレスを軽減する作用があり、睡眠の質を改善する効果があるといわれています。カフェイン含有量も少ないので、就寝前の飲み物としてもおすすめです。

作り方は、水出し用のボトルに茶葉のパックを入れ、ゆっくりと水を注いだら、あとは冷蔵庫で4〜6時間放置するだけ。硬水は使わず、1日以内に飲みきってください。

MIZUDASHI REICHA 水出し冷茶	
日本茶	
原料	チャノキ
カフェイン あり	発祥地 日本

身体を冷やしたくない人にはホットがおすすめ。

一時的なブームから定番となったウーロン茶

　紅茶のような豊かな香りと、食事によく合うあっさりとした飲み口が特徴のウーロン茶。主な生産地は中国の福建省・広東省、台湾で、日本では、1979年に当時人気絶頂だったアイドルが「美容のためにウーロン茶を飲んでいる」と発言したことをきっかけにウーロン茶ブームが起こり、その後、缶やペットボトルのウーロン茶が発売されたことで広く普及しました。

　ウーロン茶は中国茶の分類上、「青茶」に分類されます。この青茶とは一体どのようなお茶でしょうか。青茶は「半発酵茶」とも呼ばれており、ある程度茶葉の発酵を進ませてから加熱処理を行って作ら

【左】福建省武夷山の茶畑(Ralph Rozema / Shutterstock.com)。【右】発酵した褐色の茶葉と不発酵の緑色の茶葉が混じり、青っぽく見えることから「青茶」と呼ばれている。

れますが、発酵度合いはお茶の種類によって10〜80%と大きく異なります。そのため、弱発酵のものは緑茶に近く、完全発酵の手前まで発酵したものは紅茶に近い味わいになり、味も香りも極めて多様。ウーロン茶の品種だけで1000種類近くあるといわれ、福建省南部の「鉄観音」、武夷山市の「武夷岩茶」、台湾の「凍頂烏龍茶」と「東方美人茶」がよく知られています。

ウーロン茶には、半発酵させる過程で、カテキン類の化学反応によって生じる特有のポリフェノールが含まれており、脂肪の吸収を抑える効果や脂肪の分解を促進する役割があるといわれています。また、活性酸素を除去する抗酸化作用があるので、アンチエイジングや美肌効果も期待できるでしょう。

OOLONG TEA ウーロン茶	
中国茶	
原料 チャノキ	
カフェイン あり	発祥地 中国

BARLEY TEA - 麦茶 -

カフェインを含まないので、
妊娠中の方や乳幼児には定番。

平安貴族や戦国武将にも飲まれていた 麦茶

　暑い日はもちろん、日常的な水分補給のお茶として多くの人に親しまれている麦茶は、焙煎した大麦を煮出し、または水出しで煎じて作られます。夏に飲むイメージの強い麦茶ですが、大麦の収穫が初夏に行われ、とりわけ夏の麦茶は味が良いことからこのイメージが付いたそうです。なお、麦茶に使用される大麦の種類は、六条大麦や二条大麦が一般的です。

　麦茶の歴史は古く、平安時代は貴族が、戦国時代は武将が飲んでいたという記録が残っています。江戸時代には「麦湯売り」という屋台が出現し、腰掛用の涼み台を並べて茶店としていました。その後、

【左】ティーバッグの麦茶は、比較的安価でゴクゴク飲めるのもうれしい。【右】粉砕していない粒麦茶。一手間かかるが、豊かな風味が楽しめる。

明治時代になると家庭でも麦茶が飲まれるようになりましたが、当時は温かい麦茶が一般的で、冷たい麦茶を飲む習慣が生まれたのは、冷蔵庫が普及した1950年代後半でした。

　大麦には、食物繊維のほか、ビタミンやミネラルなどが豊富に含まれており、コレステロールや食後の血糖値を下げる効果があるといわれています。また、虫歯を誘発するミュータンス菌の生成を抑制する作用があるため、虫歯予防にも適しています。

　家庭では手軽なティーバッグ入りやペットボトルの麦茶がよく飲まれていますが、近年は昔ながらの煮出し麦茶も見直されており、特に粒を砕かない丸粒麦茶は雑味が出にくく、美しく澄んだ水色をしていることから注目を集めています。

BARLEY TEA 麦茶	
穀物茶	
原料 大麦	
カフェイン なし	発祥地 日本

コクのある味わいと濃い茶褐色の水色が特徴。

濃厚でコクのあるインドを代表する紅茶、アッサム

インドにおける紅茶の歴史は、1823年にイギリス人のブルース兄弟がチャノキの新種であるアッサム種を発見したことから始まりました。アッサム種が発見されたアッサム地方は、年中降雨があり、高温多湿な気候は茶葉の栽培に最適で、インドで生産される紅茶の半分はこの地域で作られています。

アッサムの特徴は、甘い香りとまろやかな渋味、コクのある豊かな味わい。栽培・生産期は3〜11月ですが、特に品質が良いとされるクオリティーシーズンの茶葉は、モンスーンの時期に収穫されるセカンドフラッシュ*です。

*6〜7月頃に収穫される夏摘みの茶葉のこと

【左】摘み立てのフレッシュな茶葉とリーフタイプの茶葉。【右】摘まれた茶葉はしおらせてから専用のCTCマシンに通される。

ASSAM アッサム	
紅茶	
原料	チャノキ
カフェイン あり	発祥地 インド・ アッサム地方

アッサムで生産される90%以上の紅茶が、CTC製法という製法で作られています。CTCとは、「Crush（押しつぶす）」、「Tear（引き裂く）」、「Curl（丸める）」の頭文字を取ったもので、短時間の抽出でも濃い水色と濃厚なコクが出るというメリットがあります。ミルクティーやマサラチャイを飲みたいときは、アッサム特有の濃い味わいが楽しめるCTCの茶葉を使うとよいでしょう。一方、同じアッサムでもさらりとした飲み心地のリーフタイプは、ストレートティーにおすすめです。なお、アッサムはタンニンを多く含んでおり、冷やすとタンニンとカフェインが結合して白く濁る「クリームダウン現象」が起きるので、アイスティーには不向きです。

水色は鮮やかな赤〜
オレンジ色をしている

ストレートでもミルクティーにも向く **ケニア紅茶**

　ブレンド用やティーバッグ用に利用されることの多いケニア紅茶。いつも何気なく飲んでいる紅茶のパッケージを見てみると、そこには「ケニア」の文字があるかもしれません。

　ケニアで茶葉の栽培が始まったのは、イギリス植民地時代の1903年のこと。イギリス人によってチャノキの苗木が持ち込まれ、1924年以降、本格的な栽培が行われるようになりました。そして現在、紅茶の生産量はインド、スリランカに次いで世界第3位、輸出量では世界一を誇る紅茶大国になっています。

　赤道直下にあるケニアは、沿岸地域は熱帯性気候ですが、茶葉を

【左】CTC製法で作られた茶葉。コロコロと丸まった紅茶においしさが詰まっている。
【右】ケニアの茶園。有機物が多く含まれた火山性の土壌で育つ。

栽培する高地では寒暖の差が激しい上に雨量も多く、質の良い茶葉が育つ条件が揃っています。また、年間を通して気候が安定しているので、一年中茶摘みができます。最大の特徴は、何といっても完全無農薬で栽培されていること。樹齢が若く、高地の冷涼な気候で栽培されているため病害虫の心配がいらないの

KENYA TEA ケニア紅茶	
紅茶	
原料 チャノキ	
カフェイン あり	発祥地 ケニア

です。味はクセがなく、マイルドな飲み口。水色は、赤みの強いオレンジ色で、澄んだきれいな色をしています。ケニア紅茶のほとんどが、乾燥した茶葉を細かく砕いて丸く成形したCTC製法で作られているので、短い抽出時間でもしっかりとした味わいを楽しむことができ、忙しい毎日にもおすすめです。ストレートはもちろん、ミルクティーにも向いています。

シーズンによって味も香り
も大きく異なる。

世界中で飲まれる「紅茶の王様」ダージリン

　ウバ、祁門と共に「世界三大銘茶」の一つとして数えられるダージ
リンは、インド北東部のダージリン地方で生産される紅茶です。茶
園は標高300〜2200mのヒマラヤ山脈の丘陵地に位置し、険しい斜
面で茶葉が栽培されています。また、この辺りはヒマラヤからの冷
たい風により1日に何度も深い霧が立ち込め、朝晩と日中の寒暖差
の大きい独特の環境がダージリンのおいしさを生み出しています。
なお、ダージリンという名は、チベット語で「雷の地」を意味する「ド
ルジェ・リン」が変化したといわれており、この地域の天候が変わ
りやすいことを示しています。

【左】急勾配の斜面に茶樹が生えている（Ron Ramtang / Shutterstock.com）。
【右】ダージリンの茶葉。厚みがあり、濃い茶色をしている。

　ダージリンの歴史は1841年に、中国福建省・武夷山などから持ち出されたチャノキが植樹されたことに始まります。その子孫である種から育ったチャノキは中国種と呼ばれ、深みやコクのある味わいが感じられます。現在はアッサム種や交配種など、茶園によってさまざまな品種が栽培されています。

　ダージリンの特徴は、フルーティーな香りとすっきりとした味わい。1年のうち、主なクオリティーシーズンは、ファーストフラッシュ、セカンドフラッシュ、オータムナルの3回で、特にセカンドフラッシュは爽やかなマスカットフレーバーを持ち、「紅茶のシャンパン」と称されるほどです。芳しい香りを楽しむために、ストレートティーとして飲むのが一般的です。

DARJEELING ダージリン	
紅茶	
原料	チャノキ
カフェイン あり	発祥地 インド・ダージリン地方

33

紅茶の渋味が苦手な人
でも飲みやすい。

「紅茶のブルーマウンテン」と称されるニルギリ

　タミル語[*]で「青い山」を意味するニルギリは、その名が示す通り、
スリランカに近いインド南西部の西ガーツ山脈の標高1000〜1800
mの高地で栽培されています。ニルギリは、アッサムやダージリン
とは違うあっさりした味ですが、その理由は年に2回訪れるモンス
ーンやローム土壌の影響といわれています。通年で栽培が可能なた
め生産量が多く、比較的安価なことから世界中で親しまれています。

　ニルギリで紅茶の栽培が始まったのは1835年のこと。中国種のチ
ャノキが実験的に植樹されましたが、当時は2000本中、20本しか生
き残りませんでした。その後、中国種に加えてアッサム種の栽培も

＊南インドのタミル人の言語

【左】ニルギリの茶葉。通年で栽培が可能なため、生産量が多い。【右】世界遺産「インドの山岳鉄道群」を構成するニルギリ山岳鉄道（Rajesh Narayanan / Shutterstock.com）。

NILGIRI ニルギリ	
紅茶	
原料	チャノキ
カフェイン あり	発祥地 インド・ニルギリ丘陵周辺

始まると成功し、1853年に茶園が誕生しました。

　セイロンティーに似たクセのない紅茶なので、ストレートだけでなく、レモンティーやスパイスティーなど、いろいろなフレーバーを付けて飲むのもおすすめ。水色は明るいオレンジ色をしており、冷やしても透明度が保たれることから、アイスティーに用いられることの多い紅茶です。クオリティーシーズンは12〜1月頃で、この期間に生産されるウィンターフラッシュは、繊細な味わいと豊かな香りが楽しめます。また、近年は個性豊かなスペシャリティ・ティーも作られています。なお、ニルギリを購入する場合は、インド政府の紅茶省から認可された「NILGIRI」のロゴと、青い山と紅茶の茶葉マークが付いたものを選ぶとよいでしょう。

特有の香りと明るい真紅色の水色が特徴。

甘い香りと爽やかな香りを合わせ持つウバ

　インドの南東に浮かぶ島国スリランカは、1948年にイギリスから独立し、1972年までセイロンと呼ばれていました。この国で紅茶の生産が始まったのは1860年代のこと。当時のスリランカはコーヒーの生産が盛んでしたが、病害により多くの農園が大打撃を受け、コーヒーに代わる産業として始められたのが紅茶栽培でした。そしてスリランカで紅茶の栽培に初めて成功したのがジェームス・テイラーというスコットランド人でした。ジェームスはチャノキの栽培だけでなく、揉捻機の開発など、スリランカの紅茶産業の成功に大きく貢献し、「セイロンティーの父」と呼ばれています。

【左】茶葉を摘み取る様子。高地で栽培されるウバは、低地に比べるとゆっくりと成長する。
【右】茶葉をそのまま加工したOP（オレンジ・ペコー）の茶葉で淹れたウバ。

　スリランカでは、茶園と加工工場の標高によって、「ハイグロウンティー」「ミディアムグロウンティー」「ローグロウンティー」の3つの種別に分けられます。セイロンティーの代表格であり、「世界三大銘茶」の一つに数えられるウバは、セイロン島南東部に位置するウバ地方で栽培される紅茶で、最も標高の高い地域で栽培されるハイグロウンティーに区分されます。

　ウバは、バラのような甘い香りとメントール系の爽やかな香りを併せ持つ「ウバ・フレーバー」と、コクのある味わいが特徴。この特徴は、7〜9月に収穫されるクオリティーシーズンの茶葉に顕著に現れます。好みの分かれやすい紅茶ですが、紅茶の香りを楽しみたい方にはおすすめです。

UVA ウバ	
紅茶	
原料 チャノキ	
カフェイン あり	発祥地 スリランカ・ウバ地方

硬水で淹れてもおいしいことか
らヨーロッパでの人気が高い。

「世界三大銘茶」の一つ、祁門

　「紅茶のブルゴーニュワイン」と称されることもある祁門は、イギ
リス王室をはじめ、ヨーロッパで高い評価を得ている紅茶です。や
やスモーキーな香りで口当たりはすっきりしていますが、上質なも
のは「祁門香」と呼ばれるランのような香りと優しい蜜のような甘味
が感じられ、世界中に愛好家がいます。起源は諸説ありますが、1870
年代、祁門県の胡元龍という人物が寧紅工夫の製茶師を呼び寄せ、紅
茶を作らせたのが始まりといわれています。

　祁門の茶園は、安徽省祁門県の標高300〜1200mの山間部の傾斜
地にあります。年間平均約200日も雨が降るこの地域は日光があま

＊中国伝統の手間がかかる手法で作られた紅茶のこと

【左】茶葉は黒く、細くねじられているものが主流。【右】英国式のポット、または中国茶の蓋碗（がいわん＊）を使って淹れる。

り当たらないため、ほかの茶葉よりうま味成分テアニンの含有量が多く、その影響で独特な香りと芳醇な味わいのある紅茶が生まれます。

本来、職人の手により17もの生産工程を経て作られる祁門は、原料の茶葉と製茶工程の規格により、厳密な等級選別が行われています。最高級品は祁門紅茶

KEEMUN 祁門	
紅茶	
原料 チャノキ	
カフェイン あり	発祥地 中国・安徽省

の全生産量の5％以下ともいわれており、主に政府高官や国賓向けの献上茶として用いられています。また、祁門の名は、安徽省祁門県で作られている紅茶のみ名乗ることができ、周辺で作られている紅茶は「安徽紅茶」と呼ばれ、区別されています。長く抽出しても苦味が出にくく、うま味の強い紅茶なので、1杯目はストレートで風味を味わい、2杯目はぜひミルクティーでお楽しみください。

＊中国茶に使われる、ふたの付いた茶碗

透明感のある明るい水色
で、渋味は少ない。

ブレンドに最適なクセのないジャワ

　日本では「ジャワティー」として、比較的なじみのあるジャワ島産
の紅茶。インドネシアでは、西ジャワを中心にお茶の生産が行われ
ており、紅茶のほか、緑茶も生産されています。茶園は標高1500m
以上の高原や山間部に点在し、年間を通じて収穫が行われ、乾季の
5〜11月に収穫される茶葉は特に品質が良いとされます。気候や風
土がスリランカに似ていることから、セイロンティーに似たクセの
ないあっさりとした味わいと透明感のある水色が特徴です。

　インドネシアにおける紅茶栽培の歴史は古く、オランダ植民地時
代の1690年に最初のチャノキの栽培が試みられ、1870年代に本格的

【左】バナナを揚げた「ピサン・ゴレン」は、インドネシア定番のお菓子。【右】冷たいジャワを販売する男性（Ramavanjava / Shutterstock.com）。

なプランテーション*栽培が始まりました。その後、第二次世界大戦による茶園の破壊や食糧栽培への転換などにより紅茶産業は衰退するものの、1945年の独立後は政府の支援を受けて徐々に復興し、現在は年間約13万 t もの紅茶を生産しています。

　紅茶のなかでも苦味と渋味が少なく、非常にさっぱりしているので、ティータイムはもちろん、食事との相性も良いお茶です。また、レモンティーやミルクティー、フレーバーティーのベースにも最適。タンニンが少ないのでクリームダウン現象を起こしにくく、アイスティーにしてもきれいなオレンジ色の水色を楽しめます。ただし、輸出される茶葉の多くはブレンド用のため、ピュアティーが手に入りにくいというのが難点です。

JAVA ジャワ	
紅茶	
原料 チャノキ	
カフェイン あり	発祥地 インドネシア・ ジャワ島

＊輸出することを目的とした大規模な農園

レモンが添えられた
アイスティー。

アメリカ南部で生まれたアイスティー

　消費されるお茶の約8割がアイスティーといわれるアメリカ。発
祥は定かではありませんが、1860年代にはすでにアメリカに登場
し、南部において一般的な飲み物でした。広く普及するきっかけに
なったのは、1904年にルイジアナ州で開催されたセントルイス万国
博覧会でのこと。その日は暑さの厳しい日で、イギリス人の紅茶商
はホットの紅茶が売れずに困っていました。そこで苦肉の策として
紅茶に氷を入れたところ、この飲み物は爆発的に売れ、博覧会の後
も全国的に人気を博したというわけです。

　アイスティーの作り方は、グラスに氷をたっぷりと入れて、氷の

【左】大きめのドリンクジャーを使ってモモをたっぷり入れたピーチアイスティー。
【右】サンドイッチなど、軽食と合わせて。

上から2倍の濃さに抽出した紅茶を注ぎ、一気に冷やす「オンザロック方式」が一般的ですが、このほかに「ダブルクーリング方式」や「水差し方式」などもあります。水色が白く濁るクリームダウン現象が起きないようにするにはいくつかポイントがあり、まずニルギリやジャワなどタンニンの少ない茶葉を選ぶことと、蒸らし時間を短めにすること、そして、グラスに注ぐ前の紅茶に砂糖を入れておくことで、タンニンとカフェインの結合を防ぐことができます。砂糖は水色の透明感を邪魔しないグラニュー糖を使いましょう。また、ポットやピッチャーなどに茶葉と水を入れ、冷蔵庫で数時間浸けておくだけで作ることのできる水出し式なら、クリームダウン現象が起こらないのでおすすめです。

ICED TEA アイスティー	
紅茶	
原料 チャノキ	
カフェイン あり	発祥地 アメリカ

日本茶の主産地

温暖な地域を中心に日本各地で栽培されているお茶ですが、
同じ煎茶でも気候や風土、製造方法などによって、その味や香りはさまざま。
ここでは、代表的な産地とその特徴を紹介します。

日本茶栽培発祥の地

日本にお茶が伝来したのは奈良・平安時代ですが、お茶の栽培は、1191年に栄西禅師が中国の宋から持ち帰ったチャノキの種を佐賀県脊振（せふり）山に植えたのが始まりといわれています。その後、栄西はお茶の種類や製法、薬効などを『喫茶養生記』にまとめ、喫茶の習慣を広めました。

村上茶（新潟県）

美濃茶（岐阜県）

近江の茶（滋賀県）

宇治茶（京都府）

八女茶（やめ）（福岡県）

嬉野茶（うれしの）（佐賀県）

くまもと茶（熊本県）

桃生茶（ものう）（宮城県）

茨城茶（茨城県）

狭山茶（埼玉県）

足柄茶（神奈川県）

静岡茶（静岡県）

西尾抹茶（愛知県）

大和茶（奈良県）

伊勢茶（三重県）

土佐茶（高知県）

みやざき茶（宮崎県）

かごしま茶（鹿児島県）

静岡県富士市の大淵笹場（おおぶちささば）。富士山に向かって連なる段々茶畑は圧巻。

【静岡県】
静岡茶

栽培面積：12,300ha
荒茶生産量：28,600t

栽培面積、生産量共に全国1位で、県内の広い範囲で栽培されています。地域ごとに味や香りが異なりますが、特に有名な牧之原の深蒸し茶は、深みのある芳醇な香りと強いコクが特徴です。

富士市の茶摘み風景。

【鹿児島県】
かごしま茶

栽培面積：7,900ha
荒茶生産量：26,700t

知覧や頴娃（えい）、霧島南麓の茶産地が知られており、「走り新茶」は日本一早い新茶として4月上旬から出荷が始まります。水色は鮮やかな緑色で、すっきり飲みやすいお茶が多いのが特徴。

茶畑と開聞（かいもん）岳。

【三重県】
伊勢茶

栽培面積：2,320ha
荒茶生産量：5,250t

玉露とかぶせ茶の生産量全国1位を誇る三重県の産地は、北勢と南勢に分かれています。うま味成分が多く、三煎目まで味や香りが続きやすいのが特徴です。

寒冷紗で覆われた茶園。

【福岡県】
八女茶

栽培面積：1,440ha
荒茶生産量：1,750t

八女地方で生産されるお茶で、まろやかな甘味とうま味が感じられます。高級玉露の産地としても知られており、昔ながらの稲わらを使用した被覆栽培が行われています。

八女中央大茶園。

【京都府】
宇治茶

栽培面積：1,400ha　荒茶生産量：2,600t

碾茶や玉露などの被覆栽培による生産が多く、また京番茶も人気があります。浅蒸しが主流で、上品な香りとすっきりとした後味、淡い水色が特徴です。

【宮崎県】
みやざき茶

栽培面積：1,050ha　荒茶生産量：3,000t

県内の広い地域で栽培されているみやざき茶。煎茶が中心ですが、釜炒り玉緑茶や玉露も作られています。渋味が少なく、しっかりとしたうま味が味わえます。

【熊本県】
くまもと茶

栽培面積：900ha　荒茶生産量：1,290t

煎茶のほか、玉緑茶と釜炒り茶の生産も盛んな熊本県。平野や山地に恵まれ、各地で特色のあるお茶が作られています。ほのかな甘味とさっぱりとした味わいが特徴です。

【埼玉県】
狭山茶

栽培面積：536ha　荒茶生産量：729t

「色は静岡、香りは宇治よ、味は狭山でとどめさす」とうたわれるように、深い味わいが特徴。「狭山火入れ」という独自の製法により、甘く濃厚な味わいが楽しめます。

お茶の分類

緑茶やウーロン茶、紅茶などのお茶は同じチャノキの葉から作られますが、
茶葉をどの程度発酵させるかによって、風味や色合いが変わってきます。
また、チャノキは中国種とアッサム種の2種類に大別され、
その性質や特徴は大きく異なります。

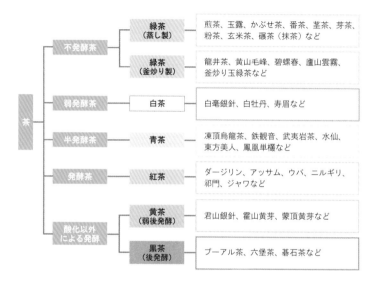

茶	不発酵茶	緑茶（蒸し製）	煎茶、玉露、かぶせ茶、番茶、茎茶、芽茶、粉茶、玄米茶、碾茶（抹茶）など
		緑茶（釜炒り製）	龍井茶、黄山毛峰、碧螺春、廬山雲霧、釜炒り玉緑茶など
	弱発酵茶	白茶	白毫銀針、白牡丹、寿眉など
	半発酵茶	青茶	凍頂烏龍茶、鉄観音、武夷岩茶、水仙、東方美人、鳳凰単欉など
	発酵茶	紅茶	ダージリン、アッサム、ウバ、ニルギリ、祁門、ジャワなど
	酸化以外による発酵	黄茶（弱後発酵）	君山銀針、霍山黄芽、蒙頂黄芽など
		黒茶（後発酵）	プーアル茶、六堡茶、碁石茶など

中国種とアッサム種の比較		
	中国種（緑茶向き）	アッサム種（紅茶向き）
葉の大きさ	小さい（9×3cm以下）	大きい（12×4cm以上）
葉の特徴	葉先に丸みがある 葉肉は薄くて硬め	葉先が尖っている 葉肉は柔らかいが厚め
樹形	高さは2～3mほどで、樹の下の方から枝分かれしている	10m以上になるものもあり、枝分かれは少ない
生育条件	比較的寒さや乾燥に強い	高温多湿を好み、寒冷地や乾燥地では生育が難しい
主要栽培国	中国・日本・トルコ・南米・イラン・インドなど	インド・スリランカ・インドネシア・アフリカ諸国など
香り・味	渋味が少なく、すっきりとした味	香り高く、濃厚な味
水色	薄い	濃い
タンニン含有量	少ない	多い

Chapter 2

リラックス
したいときのお茶

RELAXATION TEA

LAVENDER TEA - ラベンダーティー -

優しく親しみやすい
香りで人気がある。

リラックス効果抜群の癒やしのラベンダーティー

　ラベンダーは、地中海沿岸が原産の低木で、特有の清々しい香り
を持つハーブです。「ハーブの女王」とも称され、古くから香料や医
薬品として使われてきました。芳香成分には、高ぶった神経を鎮め
る優れた鎮静作用があり、不眠症や頭痛、腰痛や心血管疾患、消化
不良などに効果があるとされています。その名は、ラテン語の「洗
う」を意味する「lavare」に由来し、古代ギリシャや古代ローマでは、
入浴剤や洗剤の香料として用いられていたといいます。また、クレ
オパトラがラベンダーを使って将軍カエサルや愛人のアントニウス
を誘惑したという逸話も残っています。

【左】ラベンダーの産地として有名なフランス・プロヴァンス地方。【右】吊るして乾燥させるラベンダー。青紫色の花がかわいらしい。

LAVENDER TEA	
ラベンダーティー	
ハーブティー	
原料	
ラベンダー	
カフェイン	原料の原産地
なし	地中海沿岸

　ラベンダーは数多くの品種がありますが、ハーブティーには主にイングリッシュラベンダーとフレンチラベンダーが使用されます。乾燥させた花も摘み立てのフレッシュな花も、どちらもハーブティーにすることができ、お湯を注げばラベンダーの繊細な花の風味と心地よい香りが広がるでしょう。

　香りや渋味が気になる場合は、はちみつを入れたり、レモンバームやローズマリーなどとブレンドしたりすることで飲みやすくなります。リラックス効果をはじめ、さまざまな効能があるラベンダーですが、ハーブティーとして体内に取り込むことで、より大きな効果が期待できそうです。出がらしはお風呂に浮かべて入浴剤としても楽しめます。

21 LINDEN TEA - リンデンティー -

リンデンは「コモンライム」とも呼ばれるが、柑橘類のライムとは近縁種ではない。

就寝前に飲みたいリンデンティー

　ほんのり甘く穏やかな味わいで、ハーブティー初心者にもおすすめのリンデンティー。リンデンは、初夏に小さな淡黄色の花を咲かせるシナノキ科の落葉樹で、和名を「セイヨウボダイジュ」または「セイヨウシナノキ」といいます。原産地のヨーロッパでは、「1000の用途を持つ木」といわれるほど古くから人々の生活に深く関わってきた植物で、ハーブのほか、彫刻や楽器の材料、入浴剤などさまざまな用途に利用されてきました。また、「自由の象徴」とされ、街路樹や記念樹、公園樹としても親しまれています。

　全ての部位に薬効があるといわれており、ハーブとして用いる際

【左】市場に並ぶリンデンフラワー。【右】はちみつの蜜源としても知られるリンデンは、甘くフローラルな香りを放つ。

は、花や葉、つぼみを使用した「リンデンフラワー」と、木の幹を使用した「リンデンウッド」に分けられます。それぞれ作用は異なりますが、どちらもハーブティーは飲みやすく、副作用もないので子どもからお年寄りまで安心していただけます。

LINDEN TEA リンデンティー	
ハーブティー	
原料 　　　リンデン	
カフェイン 　　なし	原料の原産地 　ヨーロッパ

リンデンフラワーは、甘く優しい香りが特徴で、不安や興奮を鎮め、心身の緊張を和らげる作用があるとされ、ストレスで眠れないときや緊張性頭痛の緩和におすすめです。一方、リンデンウッドには香りはありませんが、優れた利尿作用を持ち、むくみや老廃物の排出に役立ちます。また、喉の炎症や咳などにも有効なことから、ドイツの小児科では風邪のひき始めにリンデンとペパーミントをブレンドしたハーブティーが処方されます。

CACAO TEA -カカオティー-

不思議と砂糖や牛乳を
加えてもマッチする。

ほんのり香ばしく甘い香りの**カカオティー**

　カカオが原料の飲み物といえばココアを想像するかもしれません
が、カカオティーというお茶があるのをご存じでしょうか。中央ア
メリカでは古代マヤ・アステカ文明の時代から続く歴史の古いお茶
で、ほうじ茶のようにほんのり香ばしく、チョコレートのような甘
い香りが特徴。カロリーはゼロなので、チョコレートを食べるとき
のような罪悪感を感じる必要はありません。

　カカオティーの原料は、カカオ豆を焙煎する際に分けられる「カ
カオニブ」と「カカオハスク」の2種類があります。チョコレートの
原料にもなるカカオニブは発酵・焙煎したカカオ豆を小さく砕いて

【左】インドネシアのカカオ収穫風景（Zakariya AF / Shutterstock.com）。【右】カカオ豆の外皮であるカカオハスク。

胚乳*だけにしたもので、カカオの風味が強く感じられます。一方、カカオの外皮であるカカオハスクはチョコレートの製造過程で生じる副産物で、これまで大量に廃棄されてきました。そのカカオハスクを有効活用したカカオティーは、環境にも優しいお茶なのです。

　カカオが健康に良いことは広く知られていますが、カカオティーにも食物繊維やカルシウム、鉄などのミネラルが豊富に含まれています。特に、カカオポリフェノールには高い抗酸化作用があり、動脈硬化予防やアンチエイジングに効果的。また、カカオの苦味成分テオブロミンにはストレス軽減効果やリラックス効果があります。カフェインを含まないカカオハスクティーは夜のリラックスタイムに最適なお茶といえるでしょう。

CACAO TEA カカオティー	
茶外茶	
原料 カカオ	
カフェイン なし	原料の原産地 中央アメリカ

*種子の中にある組織。胚を包み、発芽のための栄養分を含む

PASSIONFLOWER TEA - パッションフラワーティー -

ストレスでイライラして
いるときにおすすめ。

睡眠の質を上げるパッションフラワーティー

　北・中南米原産のつる性植物で、先住民の間でやけどや切り傷を
治療する薬草として古くから使用されてきたパッションフラワー。
名前の「パッション」は「情熱」の意味ではなく、「キリストの受難」
という意味を持ち、中央に突き出る大きな雌しべと雄しべが十字架
に 磔<small>はりつけ</small> にされたキリストを連想させることから、その名が付けられま
した。日本では、花びらが時計の文字盤に、雄しべが針に見立てら
れ、「トケイソウ」の名で親しまれています。

　「自然の精神安定剤」ともいわれるパッションフラワーは、緊張し
た神経を鎮めて落ち着かせることから、不眠症、不安感、ほてり、痛

【左】時計の文字盤のように円形に開いた花が特徴。【右】乾燥したパッションフラワー。ヨーロッパでは、16世紀にスペイン人の探検家が持ち帰ったことで広まった。

み止めなどに用いられ、ヨーロッパでは医薬品として扱われています。副作用や依存性はほとんどありませんが、妊娠中は子宮を収縮させる可能性があるため控えましょう。

　ハーブティーを淹れる際は、葉だけでも全草でもどちらでも構いません。草や土を思わせるような素朴な香りがありますが、ストレートでもおいしくいただけます。また、クセがないのでカモミールやラベンダー、レモンバームなどほかのハーブとブレンドしたり、砂糖やはちみつを加えたりするのもおすすめ。就寝前にパッションフラワーティーを飲むことで、リラックスした気分が得られ、自然と深い眠りにつけるでしょう。PMS（月経前症候群）や更年期障害の症状の緩和にも効果的です。

PASSIONFLOWER TEA パッションフラワーティー	
ハーブティー	
原料 パッションフラワー	
カフェイン なし	原料の原産地 北・中央・南 アメリカ

CHAMOMILE TEA - カモミールティー -

和名の「カミツレ」はオランダ語名「カーミレ」が由来。

胃腸に優しい甘い香りの**カモミールティー**

　ハーブティーのなかでも人気が高く、世界中で親しまれているカモミールティー。カモミールの名が付く植物はいくつかありますが、ハーブティーに使われるのは、主にジャーマン・カモミールという品種です。リンゴを思わせるようなフルーティーな香りが特徴で、語源も「大地のリンゴ」を意味するギリシャ語「カマイメロン」からきています。カモミールの歴史は古く、4000年前のバビロニアですでに薬草として使われており、古代エジプトではクレオパトラが、安眠や美肌のために利用していたといいます。また、月経痛や月経不順など婦人病の薬として用いられていたことから、別名「マザーハー

【左】乾燥したカモミール。最もポピュラーなハーブの一つ。【右】花の中心にある黄色い部分が膨らんでいるのが、ジャーマン・カモミールの特徴。

ブ」と呼ばれています。

カモミールには抗炎症作用のあるカマズレンという芳香成分が含まれており、消化を助け、胃腸の調子を整える働きがあります。また、鎮静作用やリラックス効果があるとされており、イギリスの童話『ピーターラビット』の物語では、興奮して寝付けないピーターに、母親がカ

CHAMOMILE TEA カモミールティー	
ハーブティー	
原料 カモミール	
カフェイン なし	原料の原産地 北ヨーロッパ、西アジア

モミールティーを差し出すシーンが描かれています。

ストレートでも十分おいしいですが、牛乳とはちみつを加えたハニーミルクティーにすると、睡眠促進作用が高まり寝付きやすくなります。また、飲むだけでなく、濃いめに淹れたカモミールティーを化粧水として肌に付けたり、お風呂に入れたりすると、肌荒れの改善や美白効果が期待できます。

爽やかで心地よい香りが特徴。

レモンに似た爽やかな香りのレモングラスティー

　タイ料理など、アジアの料理に使われることの多いレモングラスは、インドや熱帯アジアを原産とするイネ科の多年草です。その名の通り、レモンのような清涼感のある爽やかな香りが特徴で、アロマセラピーの世界でも人気のハーブです。インドの伝統医学アーユルヴェーダでは、風邪などによる発熱や関節炎の痛みの緩和に、中国では頭痛や腹痛などを緩和する生薬として古くから使われてきました。また、抗菌作用や防虫作用に優れ、虫よけスプレーやルームフレグランスなどにも用いられます。

　レモンと同じシトラールという芳香成分を含むことから、ハーブ

【左】乾燥してもレモングラスの豊かな香りが残る。【右】生のレモングラス。タイ料理やインド料理のほか、ペルーやブラジルなど南米の料理にも使われる。

LEMONGRASS TEA レモングラスティー	
ハーブティー	
原料 レモングラス	
カフェイン なし	原料の原産地 インド、熱帯アジア

ティーでも同様の香りを楽しめますが、味はさっぱりとして飲みやすく、レモンとは違い酸味はほとんどありません。疲れや重だるさを感じるとき、集中したいときなど、気持ちを切り替えたいときのリフレッシュティーとして最適です。また、この香りには不安やストレスを癒やす効果もあるといわれています。

このほか、レモングラスには胃腸の働きを整える効果があるとされ、食事の後にレモングラスティーを飲むことで、胃もたれを予防する効果が期待できます。よりさっぱりとした飲み口にしたい場合は、ペパーミントやローズマリーとのブレンドがおすすめ。胃弱でお悩みの方は、カモミールやジンジャーなどと組み合わせたハーブティーで、日常的なセルフケアをするとよいでしょう。

ROSEHIP TEA - ローズヒップティー -

女性に人気のあるハーブティー。

ビタミンCが豊富なローズヒップティー

　ローズヒップとは、主に「イヌバラ」または「ロサ・カニーナ」として知られる野バラの果実のことです。ヨーロッパ、北アフリカ、西アジアなどに自生するイヌバラは、5〜6月頃に薄いピンクの花を咲かせ、9〜11月にかけて赤く色付いたローズヒップを収穫することができます。

　最大の特徴は、何といってもレモンの20〜40倍も含まれるという豊富なビタミンCで、美肌効果や免疫機能を高める効果が期待されています。また、鉄やカルシウムといったミネラルも含まれており、貧血の予防にも役立ちます。第二次世界大戦中に柑橘類が不足して

【左】ローズヒップとハイビスカスをブレンドしたハーブティー。【右】乾燥して水分が抜けたローズヒップの果実。果実は秋に実り、直径は1.5〜2cmほどの大きさ。

いたイギリスでは、ローズヒップを貴重なビタミンC源として、風邪や壊血病予防のために幼児を中心にローズヒップシロップを飲ませていました。このことをきっかけに、ローズヒップの健康効果が世界中に広まったとされています。

　ローズヒップティーは、きれいな赤い色をしたイメージがあるかもしれませんが、これはハイビスカスとブレンドしたハーブティーのアントシアニン系色素によるものです。単独で煎じると、ほのかな酸味と甘味のある黄色いお茶になります。栄養豊富なローズヒップですが、ハーブティーにすると栄養分は2〜3割しか抽出されず、残りは果実に残ったまま。豊富な栄養分を残さず摂取するには、出がらしの果実まで食べるようにしましょう。

ROSEHIP TEA ローズヒップティー	
ハーブティー	
原料 ローズヒップ	
カフェイン なし	原料の原産地 ヨーロッパ、北アフリカ、西アジア

甘酸っぱさはなく、
ほんのり甘味がある。

女性の身体をサポートするラズベリーリーフティー

　ヨーロッパでは昔から「安産祈願のためのハーブティー」として、妊婦に親しまれているラズベリーリーフティー。ラズベリーはバラ科に属する高さ1.5mほどの低木で、ヨーロッパや北アメリカで広く栽培されています。酸味と甘味のある赤い果実は、ジャムや洋菓子、リキュールなどによく用いられます。

　ハーブティーに用いられるのは葉で、柔らかい新芽の部分を乾燥させるか、生のまま使います。果実のような風味はなく、香りと味も弱めのさっぱりとした飲み口です。クセがないため、ローズヒップやハイビスカスなどほかのハーブとのブレンドもおすすめです。

【左】洋菓子ではフランス語の「フランボワーズ」としておなじみのラズベリー。【右】花が咲く前の柔らかい新芽を乾燥させる。

　ラズベリーリーフには、ビタミンやミネラルをはじめ、タンニンやフラボノイドなどが豊富に含まれていますが、最も注目すべきなのは、ポリフェノールの一種であるフラガリンという成分です。フラガリンには、子宮筋の収縮を調整する働きがあるため、妊娠8カ月から飲み続けることで、出産時の陣痛の痛みを和らげ、安産をサポートする効果があるといわれています。さらに、産後も飲み続けることで母乳の分泌を促し、身体の回復にも役立ちます。また、月経痛や更年期障害、PMS（月経前症候群）など、女性特有の不調の緩和にも向いています。ただし、緩い下剤のような作用があるので、飲み過ぎには注意しましょう。また、子宮収縮作用があるため、妊娠初期〜中期までは飲用を控えましょう。

RASPBERRY LEAF TEA ラスベリーリーフティー	
ハーブティー	
原料 ラスベリー	
カフェイン なし	原料の原産地 北アメリカ、ヨーロッパ

63

紅茶のようなきれい
な水色をしている。

南アフリカの大地が育んだルイボスティー

　ルイボスティーを飲んだことはあっても、「ルイボス」が何かを知らないという方も多いのではないでしょうか。ルイボスとは、南アフリカのセダルバーグ山脈一帯のみにしか生息しないマメ科の植物です。その名は、落葉時に葉が赤褐色になることから、「赤い茂み」を意味するアフリカーンス語に由来します。植民地時代以前の記録はないため起源ははっきりしませんが、この地域の原住民であるコイコイ人とサン人の間では「不老不死のお茶」として古くから飲まれていたそうです。

　ミネラルやポリフェノールなどさまざまな栄養素が含まれていま

【左】深い赤褐色をしたルイボス。ミネラル類も豊富に含む。【右】昼夜の寒暖差が30度以上になることもある過酷な環境に育つ。

すが、近年、活性酸素を抑えることで知られるSOD酵素が含まれていることが明らかになりました。SOD酵素には、活性酸素が原因と考えられている生活習慣病や脳卒中、心疾患などを予防する効果があるといわれています。また、シミやシワ、たるみなど肌の老化を遅らせ、若々しさを保つ効果も期待できます。

　ルイボスティーには、茶葉を発酵させた「レッドルイボスティー」と、発酵させない「グリーンルイボスティー」の2種類があります。一般的なのはレッドルイボスティーのほうで、ほんのり甘く、干し草のような香りと深みのある味わいが特徴です。カフェインを含まず、タンニンも少ないことから、小さい子どもからお年寄りまで安心して飲むことができます。

ROOIBOS TEA ルイボスティー	
ハーブティー	
原料 ルイボス	
カフェイン なし	原料の原産地 南アフリカ

ハスの果実の胚芽を
使った「蓮芯茶」。

ベトナム伝統の「美肌茶」、蓮茶

　ベトナムには、多くの国民に愛される特別な花であり、国花でも
あるハス(蓮)を利用した「蓮茶」と呼ばれるお茶があります。5〜9
月の終わりまで、ベトナムでは至る所でハスの花を見かけることが
できますが、首都ハノイにある西湖(タイ湖)で収穫されたハスは大
きく、最高品質といわれています。特に香りが良い時期は6〜7月
で、蓮茶作りはこの時期が最盛期。一つひとつ丁寧に摘み取られる
と、花びらと葉、果実の芯に分けてお茶に使います。

　蓮茶は大きく3種類に分けられ、蓮の花の香りを緑茶に移した「蓮
花茶」、葉を使用した「蓮葉茶」、そして果実の中に入っている胚芽

【左】冷たい蓮花茶は、すっきりとしていて飲みやすい。【右】蓮茶1kgを作るために、蓮の花1000個を使用するという。

の部分を使用した「蓮芯茶(れんしんちゃ)」があります。一番親しみやすく一般的なのは蓮花茶で、緑茶のほのかな渋味とすっきりとしたまろやかな味わい、そしてハスの花の優しい香りが感じられます。蓮花茶は、19世紀のグエン朝時代にトゥドゥック帝のために作られたのが始まりで、王族や貴族だけが飲める特別なお茶だっ

LOTUS TEA
蓮茶

フレーバーティー（蓮花茶）・ハーブティー（蓮葉茶、蓮芯茶）	
原料 緑茶（蓮花茶のみ使用）、ハス	
カフェイン あり（蓮花茶）	発祥地 ベトナム

たことから、「王のお茶」と呼ばれています。

　効能は使用する部位によって異なり、花の部分は老廃物排出やむくみ予防の効果があることから、「美肌茶」としてベトナムの女性に人気があります。また、葉と胚芽には鎮静作用とリラックス効果があり、睡眠の質が良くなるといわれています。ただし、蓮芯茶は苦味が強いので、好みが分かれるお茶です。

30

LEMON BALM TEA - レモンバームティー -

はちみつを加えると
より一層飲みやすい。

ストレスやイライラの緩和にレモンバームティー

　料理の香り付けや観賞用としても人気のレモンバーム。レモンに似た爽やかな香りが特徴のシソ科のハーブで、夏になると蜜をたっぷり含んだ小さな白い花が咲き、ミツバチを引き寄せる蜜源植物として珍重されてきました。学名にある「Melissa（メリッサ）」は、「ミツバチ」を意味するギリシャ語に由来しており、ギリシャ神話では、メリッセウス（蜜蜂男）の娘メリッサが赤子のゼウスにはちみつを与えて育てたという逸話があります。また、古くから薬草として使用されてきた歴史があり、古代ギリシャ・ローマ人は、鎮痛や解熱のために、レモンバームを漬け込んだワインを飲んでいたといいます。

【左】葉の形はミントに似ており、観賞植物としても人気。【右】乾燥させたレモンバーム。ポリフェノールが豊富に含まれており、アンチエイジングのハーブとしても人気。

　レモンバームの芳香成分には、神経系に働きかけて気分を落ち着かせる作用があり、ストレスやイライラ、緊張や不安などの緩和に効果があるとされています。また、ストレス性の胃炎や消化不良など、胃腸の調子を整える効果も期待できます。

　レモンバームティーはまろやかな口当たりで、飲みやすいハ

LEMON BALM TEA レモンバームティー	
ハーブティー	
原料 レモンバーム	
カフェイン なし	原料の原産地 南ヨーロッパ

ーブティーです。ほかのハーブとの相性もよく、ブレンドもおすすめ。イライラや不安感があるときはパッションフラワーやリンデンフラワーと、安眠を促したいときはラベンダーやカモミールと合わせて飲むとよいでしょう。また、乾燥させた葉を安眠用枕に入れたり、濃く抽出したレモンバームティーをお風呂に入れたりするのも、よりリラックスできておすすめです。

31

JASMINE TEA - ジャスミン茶 -

花茶生産量の約7〜8割
を占めるジャスミン茶。

南宋時代生まれの有名な花茶、ジャスミン茶

　日本でも定番のお茶の一つになっている、中国生まれのジャスミン茶。ジャスミンとは熱帯・亜熱帯アジア原産のモクセイ科に属する植物の総称で、このうちジャスミン茶の原料として主に用いられるのは「マツリカ（アラビアン・ジャスミン）」と呼ばれる品種です。

　ジャスミンが初めて中国に持ち込まれたのは唐代で、当時、ジャスミンの花はお茶の飾り付けに使われていました。ジャスミン茶が作られるようになったのは明代のこと。品質の落ちた茶葉をごまかすためにジャスミンの香りを吸着させると、花の香りのするこのお茶はたちまち評判となり、大規模な生産が始まりました。

【左】乾燥ジャスミン。福建省福州市がジャスミン茶の産地として有名。【右】7〜9月頃に、白く可憐な花を咲かせる。

JASMINE TEA
ジャスミン茶

中国茶・花茶・フレーバーティー	
原料	緑茶、マツリカ
カフェイン	発祥地
あり	中国

ジャスミン茶の主産地は、中国南東部に位置する福建省福州市で、毎年8〜10月に生産されるジャスミン茶は特に香りが高く、高品質とされています。ベースとなる茶葉は一般的に緑茶が使われることがほとんどですが、白茶が使われることもあります。なお、沖縄で飲まれている「さんぴん茶」はジャスミン茶の一種であり、ウーロン茶のような半発酵茶にジャスミンの香り付けをし、やや香ばしいのが特徴です。

香り成分リナロールは、鎮静効果やリラックス効果があり、気分を落ち着かせてくれます。また、美容にうれしいビタミンCやビタミンE、ミネラルが豊富に含まれており、美意識の高かった西太后はジャスミン茶以外飲まなかったという逸話があります。

Column 03

お悩み別ブレンドハーブティー

ハーブティーには、心と身体の不調を整える効果があるといわれており、
数種類のハーブを組み合わせることで相乗効果が期待できます。
ここでは、お悩み別のブレンドハーブティーの組み合わせを紹介します。

疲れを取りたい

ハイビスカス ✚ ローズヒップ

ハイビスカスに含まれるクエン酸とローズヒップに含まれるビタミンCの働きで、疲労回復効果が期待できます。

集中力を高めたい

ローズマリー ✚ ペパーミント

清涼感のある香りで気分をリフレッシュ。頭がすっきりするので、勉強や仕事の合間の一杯におすすめです。

リラックスしたい

ラベンダー ✚ リンデン ✚ レモンバーム

リラックス効果と気分を高揚させる効果が期待できるブレンド。ストレスによる頭痛の緩和や不眠にも役立ちます。

不安な気持ちを落ち着かせたい

カモミール ✚ パッションフラワー ✚ セントジョンズワート

不安や心配事で眠れないときにおすすめの組み合わせ。高ぶった神経を落ち着かせ、ゆったりとした気分に。

老化が気になる

カモミール ✚ ルイボス ✚ バラ

ルイボスとバラの持つポリフェノールで肌の老化を遅らせ、シミやシワ、たるみの予防が期待できます。カモミールの甘い香りで飲みやすくしています。

身体の冷えを改善したい

ジンジャー ✚ ローズマリー

共に血行促進作用があるといわれるハーブで、身体をポカポカと温めてくれます。レモンを加えて飲むのもおすすめです。

むくみを解消したい

フェンネル ✚ レモングラス

利尿作用のあるフェンネルとレモングラスを合わせることで、身体の余分な水分を上手に排出してくれます。マッサージをするとより効果的。

食べ過ぎや胃もたれが気になる

カモミール ✚ ペパーミント

健胃作用に優れたカモミールと胃もたれや消化促進作用に優れたペパーミント。胃のムカムカや吐き気が抑えられ、すっきりします。

Chapter 3

香りや見た目を
楽しむお茶

UNIQUE FLAVOR &
LOOKS TEA

32

CHINESE GREEN TEA -中国緑茶-

ただよう茶葉を目でも楽しめる。

渋味の少ない香り豊かな 中国緑茶

　中国茶といえばウーロン茶を連想するかもしれませんが、中国で
は緑茶が一番飲まれており、生産量の約6割を緑茶が占めています。
中国の緑茶は日本の緑茶と同じ不発酵茶ですが、茶葉の発酵を止め
るための加熱の方法が異なります。日本の緑茶は高温で蒸して加熱
するのに対し、中国では釜で炒って加熱する「釜炒り製法」が主流で、
渋味の少ないさっぱりとした、香り豊かなお茶に仕上がります。

　中国におけるお茶の明確な起源は不明ですが、紀元前1世紀頃に
採集された世界最古の茶葉が西安の漢王朝時代の遺跡から見つかる
など、非常に長い歴史があります。お茶を飲む習慣が一般に広く普

【左】市場に並ぶ茶葉。中国本土で消費される中国茶全体の消費量の7〜8割が緑茶。
【右】龍井茶の新茶を摘む女性たち（ABCDstock / Shutterstock.com）。

及したのは3世紀頃で、お茶の製法は時代とともに変化してきました。明の時代になると、現代の中国緑茶の礎となる釜炒り製法が確立し、これまでの粗雑なお茶に比べて香り高いこの緑茶は、中国全土に急速に広まりました。なお、高級緑茶として有名な「龍井茶」は、この頃からその名が知られる歴史ある銘茶です。

　淹れ方は、茶葉を入れたグラスに直接お湯を注ぐ方法が最も簡単でおすすめです。70〜80℃のお湯で淹れると、渋味が出にくくおいしくいただけます。二煎目以降は、グラスの中にお茶が残っている状態でお湯を継ぎ足し、色が出なくなるまで何煎も楽しみましょう。蓋碗を使う場合は、お湯を注ぎ終えたら茶葉を蒸らさないようふたを開けておくと、水色が損なわれません。

CHINESE GREEN TEA 中国緑茶	
中国茶	
原料 チャノキ	
カフェイン あり	発祥地 中国

生産量は極めて少なく、春先に収穫・製造が始まる。

チャノキの新芽を使った軽く爽やかな 白茶

「白毫(はくごう)」と呼ばれる白い産毛が生えた若葉のみで作られる白茶(はくちゃ*1)。水色は中国茶のなかで最も薄く、自然な甘い香りと、ほんのりとした甘味があります。摘み取った茶葉を風通しの良い場所に広げ、葉の水分を軽く飛ばしてしおれさせる「萎凋(いちょう)」をゆっくりと行うのが特徴で、この工程により微発酵が促され、甘い風味が生成されます。また、茶葉を揉み込む「揉捻(じゅうねん)」を行わないため、摘み取った後の自然な葉の形を残しているものがほとんどです。中国では、解熱や解毒、利尿作用があるとされ、風邪や夏バテの症状の緩和など、民間療法で飲まれてきた歴史があります。

*1「しろちゃ」とも読む

【左】白銀の産毛に覆われた白茶の茶葉。「一芯一葉（＊2）」で摘まれることがほとんど。
【右】蓋碗を使って淹れた白毫銀針。

WHITE TEA 白茶	
中国茶	
原料	チャノキ
カフェイン	発祥地
あり	中国

　白茶は、芽のみを使用する「白毫銀針（はくごうぎんしん）」、芽と葉が混在する「白牡丹（はくぼたん）」、葉のみで製茶する「寿眉（じゅび）」「貢眉（こうび）」の4つに大きく分類されます。なかでも、福建省の福鼎（ふくてい）と政和（せいわ）で作られる白毫銀針はうま味と甘味が感じやすい白茶で、白銀の産毛で覆われたその外観から欧米では「シルバーニードル」とも呼ばれます。

　白茶を未開封の状態で数年間寝かせておくと、マスカットのような香りが生じ、口当たりもまろやかになります。これは製造工程において、高温で加熱しない茶葉に酵素が残存するからです。中国では「一年茶、三年薬、七年宝」と呼び、熟成した白茶ほど価値が高くなります。製茶し立てのお茶と寝かせたお茶では風味が大きく異なるので、違いを比べてみるのもよいでしょう。

＊2　枝の先端の芽（芯）と、その下の葉1枚までを摘む方法

清朝皇帝が愛飲したこ
とでも知られている。

中国茶で最も希少価値の高い 黄茶

　その名の通り黄色い水色をしており、爽やかな味と独特の香りが
特徴の黄茶（きちゃ）は、中国茶の生産量の1％にも満たない珍しいお茶で、
100g1万円を超えるものも珍しくありません。唐代より続く歴史の
古いお茶といわれますが、当時の黄茶は現在とは異なる工程だった
可能性があり、実際には16世紀から生産が始まったとされます。

　製造工程は緑茶に似ていますが、ゆっくりとした加熱処理で酸化
発酵を行い、黄茶独自の「悶黄（もんこう）」という工程を経て作られます。悶黄
とは、紙や布などで覆った茶葉を高温多湿の場所に放置する工程で、
温度と湿度によって葉緑素が破壊され、茶葉が黄色く変化します。こ

【左】茶葉も水色も黄色いことから「黄茶」と呼ばれる。【右】湖南省岳陽市西部にある洞庭湖。
君山銀針は、この湖に浮かぶ君山島から採れる茶葉から作られる貴重な黄茶。

れは「湿熱反応」と呼ばれる化学
反応で、酸化酵素による発酵で
はありません。しっかりと悶黄
を行うことで、渋味成分である
ポリフェノールが一部分解され、
味がまろやかになります。

　黄茶は大まかに3種類に分け
られ、芽を使った「黄芽茶」、若
葉で作る「黄小茶」、もう少し大
きく成長した葉を用いる「黄大

YELLOW TEA 黄茶	
中国茶	
原料 チャノキ	
カフェイン あり	発祥地 中国

茶」があります。黄茶のなかでも銘茶としてよく知られる湖南省の
「君山銀針」は黄芽茶に分類され、白い産毛のある若芽のみを用いて
作られています。茶葉が上下にゆらゆらと揺れるさまは目にも楽し
く、透明な耐熱グラスで入れるのに最適です。水色を楽しみたい場
合は蓋碗や茶杯の使用をおすすめします。湯温は、低温〜高温まで
お好みの温度で淹れて構いません。

FERMENTED TEA -黒茶-

黒茶を淹れた際の水色は
赤褐色～濃茶色。

土を連想させる独特の香りが特徴の 黒茶

　英語で「Black tea」といえば紅茶を指しますが、中国には黒茶*という
お茶があります。歴史的には緑茶の次に古く、黒茶に関する最も
古い文献は宋代初期のものです。主な産地は、雲南省、四川省、湖
南省、広西チワン族自治区などで、特に雲南省のプーアル茶は有名。

　黒茶は、微生物や麹菌で発酵させる「熟茶」と、経年により熟成さ
せる「生茶」の2種類があります。熟茶には「渥堆」という工程があり、
湿った状態の茶葉を積み重ね、微生物や菌によって発酵させること
で、まろやかな口当たりの濃厚なお茶になります。一方、生茶に渥
堆の工程はなく、熟成の浅いものは渋味が強く感じられるものの、さ

＊「くろちゃ」とも読む

【左】さまざまな形の固形茶を販売するお茶の専門店。円盤型に固形にされたお茶は「餅茶（びんちゃ）」と呼ぶ（Efired / Shutterstock.com）。【右】茶葉は専用のナイフで崩して使う。

っぱりとした味わいがあります。熟成期間が長くなると特有の奥深い味わいのお茶になり、年代物には高い価値が付けられ、ヴィンテージワインのように楽しまれています。

　黒茶には、発酵の過程で生成される特有の成分、重合カテキンや消化酵素リパーゼが含まれており、脂肪の吸収を抑制し、新陳代謝を促進する効果が期待できます。また、ビタミンやミネラルが豊富に含まれており、血圧を下げる健康茶としても知られています。

　熟茶を飲む際は、茶葉に付いたほこりや雑味を流すため、一煎目はお湯を注いだら飲まずに捨ててください。二煎目からは味がなくなるまで飲むことができます。お湯の温度は高温で、あまり蒸らさずに淹れるとおいしくいただけます。

FERMENTED TEA 黒茶	
中国茶	
原料 チャノキ	
カフェイン あり	発祥地 中国

お湯の温度は85℃ぐらいで淹れるとよい。

ふんわり広がる花の香りとほのかな甘みの桂花茶

　かわいらしい白や黄、オレンジ色の花を咲かせ、独特の甘い香りで秋の訪れを教えてくれるキンモクセイ。日本では庭木の樹木として人気がありますが、中国ではキンモクセイのことを「桂花」と呼び、乾燥させた花を使った桂花茶があります。その歴史は古く、唐・宋の時代には、桂花茶を飲むと身体から良い香りがすると信じられ、宮廷の女性たちが好んで飲んでいたといいます。

　キンモクセイには、「金桂」「銀桂」「丹桂」などの種類があり、どれも主産地は広西チワン族自治区の桂林市ですが、一般的には最も香りの高い金桂が使われます。水色は透き通った金色で、口当たり

【左】キンモクセイの優しい香りには、高いリラックス効果がある。【右】淡黄色の花を咲かせる「金桂」。日本の「ウスギモクセイ」は「金桂」に相当するといわれるが、異論もある。

は柔らかく、ほのかな甘味があります。そのまま煎じたり、花びらをお茶に浮かべたりするのもよいですが、緑茶やウーロン茶などほかのお茶との相性も良いので、安渓産のウーロン茶や台湾産の包種茶とブレンドされることが多いようです。また、はちみつや砂糖を入れて甘くすると、より一層香りが引き立ちます。

　薬膳では生薬「桂花」としても重宝されており、桂花茶の甘い香りはリラックス効果だけでなく、身体を温め、胃腸の不調や血行不良を改善する作用があるといわれています。そのほか、口臭予防や利尿作用、眼精疲労の緩和や肝臓の働きを助ける効果など、さまざまな効果があるとされています。キンモクセイの花が咲き、肌寒くなる晩秋の季節におすすめのお茶です。

OSMANTHUS TEA 桂花茶	
中国茶・花茶	
原料 キンモクセイ	
カフェイン なし	発祥地 中国

グラスに菊花を浮かべる
と、目にも楽しい。

風邪のひき始めや眼精疲労にも良い 菊花茶

　菊花とは食用菊の花の部分を乾燥させたもので、中国では2000年前から生薬として使用されてきた古い歴史を持ちます。身体にこもった熱をとり、喉の渇きを和らげる作用があることから、風邪のひき始めや夏バテ予防、頭痛や高血圧によいとされています。中国では「延命長寿のお茶」といわれ、長寿を祝う旧暦の9月9日の重陽節に菊花茶や菊酒を飲む習わしがあります。

　菊花には多くの品種がありますが、お茶には主に「甘菊花」「抗菊花」「貢菊花」が使用されます。お湯を注ぐと菊の花が開き、爽やかな花の香りとほんのりとした甘味と苦味が楽しめ、単独で飲んでも

【左】乾燥した菊花。【右】身体の熱をとる作用があるので、夏は冷たくして飲むアイス菊花茶もおすすめ。

おいしくいただけます。苦味が気になる場合は、つぼみを使った菊花茶の方が開花した花を使った菊花茶よりもマイルドで飲みやすくなっています。また、中国では緑茶やウーロン茶、プーアル茶など、ほかのお茶とブレンドして飲むのがポピュラー。乾燥ナツメや乾燥クコの実との相性も抜群で、菊花茶に浮かべると見た目が華やかになるだけでなく、甘味が増して飲みやすくなります。

菊花茶に含まれるビタミンAやクサンテノンは、目の皮膚や粘膜を正常に保つ成分とされ、疲れ目や目のかすみ、充血の改善に効果的。中国では「目の疲れ解消といえば菊花茶」というほど定番です。また、豊かな香りはリラックス効果抜群で、イライラを解消し、自律神経を整える効果があるとされています。

CHRYSANTHEMUM TEA 菊花茶	
中国茶・花茶	
原料 キク	
カフェイン なし	発祥地 中国

別名「ブルーミングティー」
と呼ばれる。

水中花のように優雅な花を咲かせる工芸茶

　さまざまな花を茶葉で包んだ工芸茶は、味はもちろんのこと、香りと見た目を重視して楽しむ中国茶で、お湯を注ぐと水中花のように優雅で美しい花を咲かせます。サプライズ感があり、見た目が華やかなことから、ギフトとしても人気です。

　工芸茶の歴史はまだ浅く、一説では1980年代に安徽省の汪芳生氏_{オウホウセイ}が考案した、緑茶の茶葉を花のように束ねた「黄山緑牡丹」が原型と_{こうざんりょくぼたん}されています。1990年以降は一般に普及し、中国各地で作られるようになりましたが、現在は福建省で作られたものが多く流通しています。また、工芸茶のなかでも、健康に良く芸術的価値の高いもの

【左】お湯を注ぎ、花が開く瞬間。お茶会などのセレモニーにおすすめ。【右】茶葉を丸い形に糸で束ねて作り上げた「花開富貴（かかいふき）」という名前の工芸茶。

は「康藝銘茶」と呼ばれています。職人の手によって一つひとつ手作りされているので生産には限りがあり、貴重なお茶とされています。

　工芸茶は使用する茶葉と花によって多くの種類がありますが、ベースとなる茶葉は、緑茶や白茶、紅茶が多く、ジャスミンの香りが付けられているものが人気です。また、使われる花はカーネーションやマリーゴールド、ジャスミンや菊などがポピュラーです。

BLOOMING TEA 工芸茶	
中国茶・花茶	
原料 　　緑茶や紅茶、花	
カフェイン あり	発祥地 中国

　飲み方は、工芸茶を耐熱グラスに入れ、熱湯を注ぎ、2〜3分ほど待ちます。茶葉がゆっくりと開き、花が顔をのぞかせたら飲み頃。お茶は飲みきらず、お湯を足すことで3煎はおいしくいただけます。飲み終わった茶葉は水を移し替えれば水中花として楽しむことができ、毎日水を換えれば1週間は保ちます。

韓国のハスは、ベトナム
のハスより大きめ。

神秘的な花の開くさまも楽しめる 韓国の蓮茶

　ハスは、1億年以上前から存在する非常に古い植物で、インド亜大陸とその周辺が原産地とされています。水面から真っすぐに伸びて花を咲かせる姿は神秘的で美しく、アジア諸国の人々を魅了してきました。

　蓮茶といえば、ベトナムの蓮茶がよく知られていますが、韓国にも「ヨンチャ」と呼ばれるハスを使ったお茶があります。使われる部位は、花、葉、根、果実、種子、胚とさまざまですが、花をまるごと使用する「ヨンコッチャ」は、韓国伝統茶を代表するお茶として知られています。ヨンコッチャは、大きな深皿に緑茶を淹れ、そこに

【左】白いつぼみと花。見頃は7月末〜10月初旬まで。【右】ハスの葉を使ったお茶「ヨンイプ（ヨンピン）チャ」はリラックス効果があり、不眠におすすめ。

乾燥したハスの花を浮かべます。花が開く様子と優しい花の香りを楽しんだら、お茶はひしゃくで湯飲みに汲んでいただきましょう。ハスの花は仏教の悟りの象徴とされていることから、ヨンコッチャは韓国寺院の寺刹料理の一つとして定番です。また、乾燥した葉を煮出して作る「ヨ

KOREAN LOTUS TEA 韓国の蓮茶	
フレーバーティー	
原料 緑茶、ハス	
カフェイン あり	発祥地 韓国

ンイプ（ヨンピン）チャ」は、やや草っぽい香りがありますが、さっぱりとしていて飲みやすく、心身を落ち着かせる効果や老廃物の排出、美肌にも最適なお茶といわれています。

　韓国中西部に位置する扶余は、毎年7月にハスの花が咲き誇る観光名所として有名で、ハスを使った料理やさまざまな蓮茶が楽しめます。蓮茶を存分に味わいたいなら一度訪れてみるとよいでしょう。

＊仏教の教えに基づいた野菜中心の料理のこと。日本でいうところの精進料理

日本にはごく少ない量
しか入ってこない。

スモーキーな香りがクセになるラプサン・スーチョン

　中国では紀元前よりお茶が飲まれていましたが、紅茶の生産が始まったのは17世紀のこと。福建省武夷山において、「紅茶の元祖」ともいわれるラプサン・スーチョンが生まれました。

　武夷山は険しい岩山のためチャノキの栽培ができず、自生しているわずかなチャノキの葉を摘み取り、お茶に用いていました。ここで採れた茶葉は、武夷山を意味する「正山（せいさん）」と、少ない茶葉を意味する「小種（しょうしゅ）」を合わせて「正山小種」という名が付けられましたが、当時ヨーロッパとアジア圏の貿易を担っていた東インド会社の人たちが中国語名を聞き取れず、「ラプサン・スーチョン」と聞き取ったこと

【左】福建省武夷山の渓谷。山水の名勝としても有名で、世界遺産に登録されている。
【右】マツの葉の煙で燻（いぶ）したスモーキーな香りが特徴。

LAPSANG SOUCHONG ラプサン・スーチョン	
紅茶・フレーバーティー	
原料 チャノキ	
カフェイン あり	発祥地 中国・福建省

から、この発音で統一されるようになったといいます。

ラプサン・スーチョンの特徴といえば、何といってもスモーキーな香り。茶葉を乾燥させる工程で火入れの材料にマツの木を使用し、マツから発生した煙が茶葉に付着することで、独特の香りを持つ紅茶になりました。クセの強い香りがあるため好き嫌いが分かれる紅茶ですが、飲み口は意外とさっぱり。ホットで飲む場合はなるべく硬水を使い、牛乳などを入れることで飲みやすくなります。日本で流通しているラプサン・スーチョンは一度イギリスを経由して入ってくるものがほとんどですが、なかにはほかの産地の茶葉に後から燻煙（くんえん）をして香り付けを行ったものもあるので、購入する際は信用できるメーカーのものを選ぶようにしましょう。

生のベルガモットと
アールグレイ。

ベルガモットの香りが人気のアールグレイ

　イギリスをはじめ、世界中で愛されているアールグレイは、茶葉にベルガモットの精油で香り付けをしたフレーバーティーの一種です。ベースとなる茶葉に決まりはなく、祁門やセイロンのほか、ブレンドしたものなどさまざま。ベルガモットはレモンとオレンジが混ざったような爽やかな香りのする柑橘類で、イタリア産のものがよく使われます。

　このフレーバーティーを「ベルガモットティー」と呼ばず、「アールグレイ」と呼ぶのはなぜなのでしょうか。英語で「Earl（アール）」は伯爵、「Grey（グレイ）」は姓なので、アールグレイとは「グレイ伯

【左】アールグレイの茶葉。ヤグルマソウの青い花が加えられたものも多い。【右】イギリス
の老舗紅茶メーカー「トワイニング」のアールグレイ（DenisMArt / Shutterstock.com）。

爵」を意味します。この名は、1830年代にイギリスの首相を務めた
第2代グレイ伯爵のことだといわれていますが、中国の外交官から
の贈り物という説や、ラプサン・スーチョンを模倣して作られた説、
水道水の味をごまかすために考案された説など諸説あり、グレイ伯
爵がどう関わったのか定かではありません。

　アールグレイは冷やしても芳香が強く感じられるため、アイスティ
ーによく用いられます。また、
牛乳とベルガモットの芳香の相
性が良いので、ミルクティーと
して飲むのもおすすめ。ミルク
ティーを作る場合はストレート
ティーよりも濃いめに抽出し、
先にカップに牛乳を入れてから
アールグレイティーをゆっくり
と注ぐことで、風味豊かなミル
クティーになります。

EARL GREY アールグレイ	
フレーバーティー	
原料 紅茶、ベルガモット	
カフェイン あり	発祥地 イギリス

BUTTERFLY PEA TEA - バタフライピーティー -

日本へは江戸時代に伝来し、
観賞用として親しまれている。

色が変わる魅惑のバタフライピーティー

　赤道付近の熱帯地域に自生するマメ科のつる性植物バタフライピー。和名は「チョウマメ」といい、青い大きな花がチョウの羽に似ていることにちなんで名付けられました。インドの伝統医学アーユルヴェーダでは、ストレスや不安を緩和し、気分を落ち着かせる目的で古くから使用されてきたハーブです。

　バタフライピーティーは、チョウマメの花を乾燥させて作った青色のハーブティーで、レモンやライムなどを絞るとクエン酸に反応して紫色に変化するという特徴があります。フレッシュハーブでもドライハーブでもどちらでも楽しむことができますが、インパクト

【左】レモン汁を垂らすと、青から紫へと変化する。【右】バタフライピーラテは、タイでは
ポピュラーな飲み方。

のある見た目に反して味はあまりなく、ほのかにマメの香りがする
程度。そのため、レモングラスやミントなどほかのハーブとブレン
ドしたり、はちみつや砂糖を加えたりするとよいでしょう。また、牛
乳を加えたバタフライピーラテもおすすめの飲み方。青と白のコン
トラストが美しく、目にも楽しいおいしいドリンクに仕上がります。
　青色の色素はポリフェノールの一種アントシアニンで、強い抗酸

化作用を持つことから、眼精疲
労の回復やアンチエイジング、
デトックスなどに効果的。また、
青い色には副交感神経を刺激し、
脈拍や体温を下げ、心身をリラ
ックスさせる作用もあります。
ただし、染料に使われることも
あるほど強い色素で、衣服など
に付くとシミになってしまうの
で注意が必要です。

BUTTERFLY PEA TEA バタフライピーティー	
ハーブティー	
原料 バタフライピー	
カフェイン なし	原料の原産地 インド・東南アジア

43

HIBISCUS TEA - ハイビスカスティー -

鮮やかな赤い水色が特徴。

夏バテに最適なハイビスカスティー

　ハイビスカスというと、南国リゾートに咲く赤い花を連想するか
もしれませんが、ハイビスカスティーに使われるのは観賞用のハイ
ビスカスと同じアオイ科フヨウ属の仲間「ローゼル」です。ローゼル
は、インド〜マレーシアにかけての地域が原産という説と、西アフ
リカ原産という説と諸説ありますが、現在は世界各地の亜熱帯地域
で広く栽培されています。薄黄色の大きな花を咲かせた後に、萼と
苞が肥大して真っ赤に熟す性質があり、この部分がジャムやハーブ
ティーなど食用に用いられます。
　鮮やかなルビー色は、アントシアニン系色素とフラボノイド系ポ

【左】ローゼルの熟した萼と苞。種子は炒って食用にできる。【右】クエン酸を多く含み、天然のスポーツドリンクとしても有効。

HIBISCUS TEA ハイビスカスティー	
ハーブティー	
原料 ローゼル	
カフェイン なし	原料の原産地 西アフリカ、 インド〜マレーシア

リフェノールによるもので、優れた抗酸化作用を持っています。ビタミンCも豊富に含まれており、シミやそばかすの原因となるメラニン色素の生成を抑制する効果が期待できます。また、酸味のもとであるクエン酸とリンゴ酸は、エネルギー代謝と新陳代謝を高める効果があり、肉体疲労の回復や夏バテ予防に役立ちます。なお、ローズヒップティーとブレンドされることが多いのは、見た目や味を良くするほかに、ローズヒップに含まれるフラボノイド類がビタミンCの吸収力を高めるのに役立つからです。

　酸味が苦手な方は、はちみつや砂糖で甘くすると飲みやすくなります。アフリカや南米では、ハイビスカスティーを甘くしたローゼルジュースが人気です。

44

BLUE MALLOW TEA -ブルーマロウティー-

花びらを浮かべた
ブルーマロウティー。

色が3色に変化する**ブルーマロウティー**

　初夏〜夏にかけて赤紫色の花を咲かせるブルーマロウは、鑑賞用
としても人気のハーブで、和名を「ウスベニアオイ」といいます。原
産は南ヨーロッパ〜北アフリカにかけての地域で、古代ギリシャ・
ローマの時代から、食用や薬用に用いられてきた歴史があります。特
に、粘液質が多く含まれることから、消化器や呼吸器の炎症を抑え
る外用薬として重宝されてきました。

　ハーブティーにすると青から紫色に変化し、さらにレモン汁を加
えるとピンク色へと変化することから、ヨーロッパでは「夜明けの
ハーブティー」と呼ばれています。味や香りはほとんどありません

【左】フレッシュな花は赤紫色をしているが、乾燥させると青みがかった色になる。
【右】煎じる際に葉が多く含まれていると、茶色のブルーマロウティーになる。

が、とろりとした口当たりは、粘膜の保護や修復が期待でき、喉の痛みや腫れ、胃腸のケアなどに活用されています。また、アントシアニン色素が含まれていることから、眼精疲労やドライアイの緩和に効果的です。風邪や口内炎の予防を目的として、うがい薬やマウスウォッシュのように用いられることも。

BLUE MALLOW TEA ブルーマロウティー	
ハーブティー	
原料 ブルーマロウ	
カフェイン なし	原料の原産地 南ヨーロッパ～ 北アフリカ

　きれいな青色のハーブティーを淹れるコツは、葉を取り除いて花のみの状態にし、80℃前後のお湯を注ぐこと。葉が多く混ざっていたり、高温で淹れたりすると青い色が出ません。難しい場合は水出しにすると、確実に青いお茶を作ることができます。青い色には、興奮を抑え、気分を落ち着かせる効果があるので、就寝前のリラックスティーとしてもおすすめです。

45

EIGHT TREASURES TEA -八宝茶-

透明なグラスで楽しむ八宝茶。

自由で楽しいもてなしの八宝茶

　八宝茶は身体に良い材料をブレンドした中国伝統の健康茶。「八宝」は「8種類」という意味ではなく、「たくさんの」という意味で名前の通り多くの材料が使われています。材料は地方や家庭によってさまざまですが、主に菊花、ハマナス、クコの実、ナツメ、クルミ、リュウガン、レーズン、乾燥リンゴ、氷砂糖などが使われます。ほとんどが漢方の薬材となるものなので、煎じてお茶として飲むだけでなく、目で見て楽しみ、飲んだ後は食べることができます。蓋碗で飲むのが一般的ですが、耐熱グラスや湯飲みなどで飲んでも構いません。お湯を足しながら、味がなくなるまでいただけます。

【左】身体を温める素材が多く使われている八宝茶。中国では「バーバオチャ」と呼ばれている。【右】甘草（リコリス）、ナツメ、クコの実など、漢方に使われる材料も組み合わせる。

八宝茶の起源は、唐代の中国西北部の回族^{かいぞく}といわれ、茶葉を使わずにシルクロード沿線上で収穫される花や果実を混ぜ合わせ、お茶の代わりに煎じて飲んでいたのが始まりとされています。その後、西北から中国各地へ伝わると茶葉も使われるようになり、清代には薬膳茶として宮廷で飲まれるようになりました。現在では、冠婚葬祭やゲストのもてなしには欠かせないものとなっています。

EIGHT TREASURES TEA 八宝茶	
中国茶・薬膳茶	
原料 菊花、ハマナス、クコの実、ナツメ、クルミ、リュウガンなど	
カフェイン なし（茶葉を使用しない場合）	発祥地 中国

八宝茶の材料に決まりはなく、組み合わせは無数にあります。また、茶葉を使うも使わないも自由です。見た目や香りにこだわってみたり、その日の体調に合わせてみたり、美容に良さそうなものを集めたりと、自分好みの材料をブレンドして、オリジナルの八宝茶を作ってみてはいかがでしょうか。

＊イスラム教を信仰する中国の少数民族

緑茶を入れない
タイプの福茶。

古くから伝わるおめでたい 福茶

　お正月や大晦日、節分などに健康や幸せを願って飲まれる福茶は、京都を中心に関西地方に見られる慣習です。特に、お正月に飲む福茶は「大福茶」と呼ばれます。煎茶に梅干しと結び昆布を入れたものが主流ですが、ベースとなるお茶は玄米茶やほうじ茶などさまざま。また、黒豆や大豆、山椒を入れる場合もあります。

　福茶の起源は、平安時代に京で疫病が流行った際、高僧の空也上人が梅干と昆布を入れたお茶を人々に振る舞い、念仏を唱えて病魔を鎮めたことに始まります。当時の天皇はこの功績を称え、毎年お正月に1年の無病息災を祈ってこのお茶を飲むようになりました。

【左】日本に中国からウメが伝わったのは飛鳥時代。平安時代になると、薬用に梅干しが用いられるようになった。【右】不老長寿の願いが込められた結び昆布。

このお茶は「皇服茶」と呼ばれるようになり、やがて庶民にも「大服茶」「大福茶」として広まり、新年に飲む習慣が定着しました。現在でも、六波羅蜜寺では、お正月に皇服茶が参拝客に振る舞われます。

福茶に入れる梅干しと昆布は、室町時代にはお茶請けとされていたものですが、昆布は「よろこぶ」、梅干しは「松竹梅の一つ」という意味が込められています。また、梅干しを緑茶と一緒に食べることによって、塩分と酸味が和らいで食べやすくなるだけでなく、風邪予防や疲労回復効果、整腸作用などが期待できます。

作り方は、湯飲みに梅干し、塩昆布を入れ、好みのお茶を注ぐだけ。福豆(炒り豆)を入れる場合は、フライパンで焦げ目がつくまで炒ってから入れると、よりおいしくいただけます。

FUKUCHA 福茶	
伝統茶	
原料 緑茶、梅干し、昆布など	
カフェイン あり	発祥地 日本・京都

47

FRUIT TEA - フルーツティー -

ハイビスカスティーをベース
にしたフルーツティー。

飲んでも食べてもおいしいフルーツティー

　カラフルな見た目から人気のフルーツティー。紅茶や緑茶などの
ベースとなるお茶に、カットした果物やハーブを入れた飲み物です
が、入れる食材は絞ったりつぶしたりしないのが特徴です。果物に
含まれる栄養成分がお茶に溶け出し、デトックス効果が期待できる
ことから、「デトックスフルーツティー」と呼ばれることもあります。
甘味料は使わず、果物の甘味を味わうのがおすすめの飲み方です。
　使用する果物によって溶け出す栄養成分はさまざまですが、多く
の果物にはビタミンC・B、カリウムなどが含まれており、デトック
ス効果のほか、美肌やダイエット効果などが期待できます。また、緑

【左】果物は少し大きめにカットしたほうが見栄えが良い。【右】モモとレモン、ライムで作ったフルーツティー。ミントを添えて爽やかに。

茶や紅茶に含まれるカテキンやポリフェノールには抗酸化作用があり、風邪や動脈硬化予防などに効果的。水に果物などを浸した「デトックスティー」も人気がありますが、フルーツティーの場合は果物とお茶の両方の健康効果を得られるというメリットがあります。

FRUIT TEA フルーツティー	
アレンジティー	
原料 紅茶または緑茶、ハーブ、果物	
カフェイン あり	発祥地 -

　作り方は、ホットで飲む場合はカットした果物を耐熱グラスに入れ、熱いお茶を注ぎ入れるだけ。夏の暑い日には、アイスティーに冷凍した果物を入れると氷代わりにもなり、おいしくいただけます。使う果物に決まりはありませんが、皮ごと入れる場合は、無農薬やオーガニックのものを使うと安心です。味はもちろん、見た目や彩りも楽しみながら作ってみましょう。

48

ROSE TEA -バラ茶-

西洋バラにも負けない
華やかな香りを持つ。

ハマナスのつぼみを使った華やかなバラ茶

　優雅な香りと愛らしい見た目が特徴のバラ茶は、バラ科のハマナスのつぼみを使ったお茶です。ハマナスの原産地は中国、朝鮮半島、日本など東アジアで、ヨーロッパへは江戸時代にオランダ人医師シーボルトによってもたらされました。日本のハマナスは一重咲きなのに対し、中国で栽培されているものは八重咲きですが、成分は同じであることから、同じハマナスとして扱われます。中国では、ハマナスのつぼみを乾燥させたものを生薬「玫瑰花」として、胃痛や下痢止め、月経不順の改善などに用います。

　バラ茶は、身体を温め、血の巡りを良くするといわれており、中

【左】耐寒性が強く、日本では北海道に多く見られる。一重のピンク色の花を咲かせる。
【右】氷を入れて冷やしたバラ茶。冷たくしても香りが立つ。

ROSE TEA
バラ茶

中国茶・花茶	
原料	ハマナス
カフェイン	発祥地
なし	中国

国では「玫瑰茶（メイグイちゃ）」の名で親しまれています。ビタミンCやポリフェノールの一種であるタンニンが豊富に含まれており、シミやそばかすの原因となるメラニン色素の生成を抑え、美肌や美白効果が期待できます。日本では昔、アイヌの人々が冬場のビタミンC補給のためにハマナスの花を煎じて飲んでいたそうです。

　優しい甘味と酸味が感じられる飲みやすいお茶で、単独で飲むほか、紅茶やプーアル茶、ウーロン茶などとのブレンドにも最適。また、ローズヒップやレモングラス、ハイビスカスなどとの相性も良いようです。このほか、お茶に浮かべたり、ポプリのように器に入れて飾って楽しんだりするのもおすすめ。出がらしは、お風呂のお湯に浮かべると、心身ともにリラックスできます。

スパイスが効いている
ので、身体が温まる。

クリスマスティーをシーズンの楽しみに

　街全体がきらびやかになり、少し特別なものが欲しくなるクリス
マスシーズン。紅茶の世界でも、この時期には「クリスマスティー」
と呼ばれる特別な紅茶が市場に出回ります。クリスマスティーは、紅
茶にシナモンやナツメグ、クローブやオレンジピールなどをブレン
ドしたもので、主にイギリスをはじめとするヨーロッパで飲む習慣
があります。

　クリスマスティーの歴史は1830年代までさかのぼります。この
頃、クリスマスはイギリスの労働者にとって数少ない休暇の一つだ
ったため、街には酔っ払いがあふれていました。そこでアルコール

【左】オレンジのフレーバーティーを使ったクリスマスティー。【右】クリスマススイーツの
定番ジンジャークッキーと一緒にいただく。

に代わり、健康的かつ神聖なお祝いをするために行われたのが、大
規模なティーパーティーでした。豪華な食事に合わせて、紅茶も豪
華なものをということで、紅茶には高価なスパイスや柑橘系の果物
がブレンドされました。この習慣はすぐにアメリカにも広まり、今
日でもイギリスとアメリカのホテルでは、クリスマスイブに豪華な
ティーパーティーを開くのが一般的になっています。

　クリスマスティーはおいしい
だけでなく、身体を温め、風邪
を予防する効果もあります。近
年、日本でもクリスマスティー
をよく見かけるようになりまし
たが、家庭でも簡単に作ること
ができるので、お気に入りのス
パイスを組み合わせてオリジナ
ルのクリスマスティーを作って
みてはいかがでしょう。

CHRISTMAS TEA クリスマスティー	
スパイスティー	
原料	紅茶、シナモン、ナツメグ、クローブ、オレンジピールなど
カフェイン あり	発祥地 イギリス

コーヒー豆の種類①

現在では世界中で飲まれているコーヒーですが、
お茶と同様、産地や品種によって味や香りはさまざまです。
ここでは、代表的なコーヒー豆の銘柄・産地を紹介します。

☕ キリマンジャロ

日本で非常にポピュラーな、タンザニア産の
コーヒー豆。ケニアとの国境に近いキリマン
ジャロ山の中腹、標高1500〜2500mの肥沃
な土壌で栽培されており、たっぷりと水分を
含んだ大型の豆が特徴です。強い酸味と豊
かなコクがあり、深煎りにすると甘い香りが
強く際立ちます。

特徴	強い酸味と豊かな コク、甘い香り
おすすめの焙煎度	中深煎り、深煎り
おすすめのブレンド	グアテマラ、ブラジル

☕ ブルーマウンテン

ジャマイカにあるブルーマウンテン山脈の
なかでも、標高800〜1200mの限られた地
域でのみ栽培される高級コーヒー豆。繊細
かつ高い香りを持っているので、香りが弱い
豆とよくブレンドされます。酸味、苦味、甘
味とコクのバランスが取れた味わいで、「コ
ーヒーの王様」と称されています。

特徴	コクと甘味、気品ある 花のような香り
おすすめの焙煎度	中煎り
おすすめのブレンド	コロンビア

コーヒーノキの品種	
アラビカ種	比較的標高の高い地域で栽培されており、優れた風味を持っています。世界で生産されるコーヒーの70%がアラビカ種。
カネフォラ （ロブスタ）種	主に低地で栽培され、害虫に強い品種。苦味が強く、ブレンドコーヒーやインスタントコーヒーの材料として使われます。

 ## ハワイ・コナ

ハワイ島コナ地区でのみ栽培されるコーヒー豆で、はっきりと感じられる酸味とコク、風味を持っています。栽培品種は主にアラビカ種ティピカで、キラウエア火山の火山灰の影響を受けた肥沃な土壌や海洋性気候がもたらす昼夜の寒暖差によって、コナのおいしさが生み出されています。

特徴	程よい酸味とコク、柑橘系の香り
おすすめの焙煎度	中深煎り
おすすめのブレンド	マンデリン

 ## グアテマラ

国土の約70％が山岳地帯であるグアテマラは、コーヒー豆の生産大国。栽培している地区ごとに特徴はさまざまですが、酸味とコクに優れ、苦味と甘い香りのバランスが良いものが多いので、ブレンドのベースとして人気があります。深煎りにしてもブレンドにしても存在感が感じられます。

特徴	フルーツ系の酸味、華やかな香り
おすすめの焙煎度	中深煎り、深煎り
おすすめのブレンド	コロンビア、ブラジル

 ## ジャワ

インドネシアのコーヒー生産の90％はロブスタ種ですが、ジャワ島では良質なアラビカ種が栽培されており、「ジャワコーヒー」といえばジャワ島産のアラビカ種を指します。苦味中心の味ですが、酸味が少ない分マイルドな口当たりで飲みやすく、柑橘系を思わせるような香りがあります。

特徴	しっかりとした苦味、柑橘系の香り
おすすめの焙煎度	深煎り
おすすめのブレンド	モカ

Column 05

コーヒーの焙煎度

焙煎（ロースト）とは、コーヒーの生豆を炒る加熱作業のことで、
焙煎の度合いで味や香ばしさ、風味、コクが変わってきます。
それぞれの違いを覚えることで、コーヒーが選びやすくなるでしょう。

浅煎り

ライトロースト
飲用には向かないため、一般的に飲まれることは
ありません。

シナモンロースト
豆の酸味が最も強い煎り方。水分が少なく、肉薄
の豆に適しています。

中煎り

ミディアムロースト
酸味と苦味が抑えめで、アメリカンコーヒーに
用いられることの多い焙煎です。

ハイロースト
酸味は残しつつ、コーヒーの苦味や甘味が楽しめ
ます。ブラジル豆に最適な焙煎。

中深煎り

シティロースト
酸味と苦味のバランスが取れた、最も一般的な
焙煎度。レギュラーコーヒーとして用いられます。

フルシティロースト
酸味よりも苦味が強いため、コーヒーの苦味が
好きな方に。香ばしい香りも楽しめます。

深煎り

フレンチロースト
酸味はほとんど感じず、強い苦味と深いコクが
味わえる焙煎。ミルクともよく合います。

イタリアンロースト
強い苦味と重厚なコクが特徴。エスプレッソや
カプチーノといった飲み方に最適です。

Chapter 4

からだの不調を
整えてくれるお茶

WELLNESS TEA

「長寿のハーブ」として知られるセージのハーブティー。

セージティーがあれば風邪知らず？

　料理では肉の臭み消しとしておなじみのセージは、地中海沿岸が原産のシソ科の植物です。ビロード状の繊毛で覆われた葉とヨモギのような爽やかな芳香が特徴で、食品の香辛料のほか、せっけんや化粧品の香料などに使用されています。セージという名は「無傷」「安全」という意味のラテン語「salvus」に由来し、古代ローマ・エジプトの時代から、万能な薬草として用いられてきました。ヨーロッパでは「長生きをしたければ庭にセージを植えよ」ということわざがあるほど、さまざまな薬効に富んだハーブとして知られています。

　セージは抗菌作用と抗ウイルス作用に優れており、ヨーロッパで

【左】青色～淡い紫色の花を咲かせる。【右】乾燥したセージの葉。セージティー1杯につき、1.5～2gを使用する。

はセージティーでうがいをすることで口内炎や歯肉炎、喉の炎症などの症状を和らげ、風邪の予防に良いとされています。また、更年期障害によるのぼせやほてりの改善、月経過多や母乳の分泌抑制など、女性特有の悩みにも効果的なことが分かっています。

SAGE TEA セージティー	
ハーブティー	
原料 セージ	
カフェイン なし	原料の原産地 地中海沿岸

　味はショウガやミントのようなピリッとした刺激とほのかな苦味がありますが、クセがないため単独でも比較的飲みやすいハーブティーです。カモミールなどほかのハーブとのブレンドはもちろん、レモン汁やペパーミントを加えるとまた違った味わいになります。ただし、セージにはツヨンと呼ばれる成分が含まれており、大量に摂取すると痙攣や発作などの恐れがあるため、1日に飲む量は1～3杯を目安にしましょう。

名前は、「ハリネズミ」を意味するギリシャ語に由来する。

免疫力を高める働きに優れたエキナセアティー

　北アメリカ原産のキク科の植物、エキナセア。初夏～秋頃までかわいらしい薄紫色の花を咲かせ、ガーデニングにも人気の花です。エキナセアという名は、本来ムラサキバレンギク属の英名ですが、一般にはこの属の「ムラサキバレンギク」という種を指します。

　先住民族インディアンの間で、薬草として風邪や伝染病、あざ、やけど、虫刺され、歯や喉の痛み、傷の手当てなどに幅広く使われていたことから、別名「インディアンのハーブ」とも呼ばれています。また、19世紀頃のアメリカでは、呼吸器疾患や皮膚疾患の治療、鎮痛などに用いられていた歴史があります。

【左】乾燥したエキナセア。密閉容器で保存すれば、いつでもエキナセアティーが楽しめる。
【右】ムラサキバレンギク属には、エキナセアと類似の薬効を持つ種が存在する。

エキナセアには、免疫を活性化させる物質が多く含まれ、抗菌・抗ウイルス作用があることから、風邪やインフルエンザ、膀胱炎、気管支炎、ヘルペスやカンジダ症などの予防や治療に役立つとされ、欧米ではサプリメントや医薬品として使用する国もあります。

エキナセアティーは、風邪やインフルエンザ、花粉症などの予防はもちろん、長引く風邪や繰り返す膀胱炎など、免疫力が低下しているときに飲むのもおすすめです。草木の香りを感じるすっきりとした味わいで、クセが少なく子どもからお年寄りまで飲みやすいハーブティーです。はちみつや牛乳を入れたり、ほかのハーブティーとのブレンドもおすすめ。毎日飲む場合は、8週間の服用後、1〜2週間の休みを入れるとよいでしょう。

ECHINACEA TEA エキナセアティー	
ハーブティー	
原料 ムラサキバレンギク	
カフェイン なし	原料の原産地 北アメリカ

胃腸のケアや更年期
障害のサポートに。

デトックス効果が期待できるフェンネルティー

　フェンネルは、ヨーロッパや地中海沿岸が原産のセリ科の多年草
で、歴史上最古の作物の一つです。和名では「ウイキョウ」と呼ばれ、
古くから滋養強壮や血流促進、健胃作用のため漢方薬として利用さ
れてきました。口臭予防にも利用され、インド料理店のレジに置い
てあるカラフルな「ムクワス」も、フェンネルシードを砂糖でコーティ
ングしたもので、食後に食べると口の中がすっきりします。

　乾燥させたフェンネルシードを使うフェンネルティーは、「母親の
ハーブ」とも呼ばれて親しまれ、女性にとってさまざまなうれしい
効果が期待できるハーブティーです。特に、出産後や授乳中の女性

【左】草丈は1〜2ｍ程度まで成長し、夏に黄色い小さな花を咲かせる。【右】特徴的な風味を持つフェンネルシードは、スパイスとして料理によく利用される。

には、血流改善作用により母乳の出を良くしてくれるほか、デトックス効果によって産後の臓器をきれいにしてくれるといわれています。また、利尿・発汗作用により、体内の水分や毒素の排出を促してくれるので、ダイエット中にも最適です。

　フェンネル特有の甘くスパイシーな芳香には、女性ホルモンのエストロゲンと同様の働きをする物質が豊富に含まれ、更年期障害や生理痛、生理不順、PMS（月経前症候群）などの改善に効果が期待できます。香りを嗅ぐと、身体だけではなく心が穏やかになったり、元気になったりと感情面にも働きかけてくれます。単独でも楽しめますが、飲みにくい場合はレモングラスやオレンジなど、爽やかなハーブティーとのブレンドがおすすめです。

FENNEL TEA フェンネルティー	
ハーブティー	
原料 フェンネル	
カフェイン なし	原料の原産地 ヨーロッパ、 地中海沿岸

独特のメントールの香りが
あり、すっきりとした味わい。

リフレッシュしたいときにはペパーミントティー

　ヨーロッパ原産のペパーミントはシソ科の多年草で、和名では「セ
イヨウハッカ」や「コショウハッカ」などと呼ばれています。ミント
はハッカ属の総称で、種類は多種多様にありますが、主にペパーミ
ント系とスペアミント系の2種類に分けられます。

　ペパーミントは、メントールの含有量がスペアミントよりも多く、
強い香りと清涼感が特徴。強力な抗菌作用や美肌効果、食べ過ぎや
飲み過ぎなどによる消化器の不調に効果が期待できるといわれてい
ます。また、心を落ち着かせる効果もあり、イライラしたときや落
ち込んだときなど、気持ちをリフレッシュしたいときに飲むのもお

【左】繁殖力が強いので、ガーデニング初心者でも簡単に育てることができる。
【右】ハーブティーのほか、薬草や薬味、精油などに利用される。

すすめです。そのほか、ミント特有のスーッとした香りは、風邪や花粉症による鼻水・鼻づまりなどの症状の緩和、妊娠中のつわりや乗り物酔いの吐き気などの症状にも役立ちます。

　ハーブティーは、生の葉のフレッシュミントと乾燥させた葉のドライミントの2種類があり、家庭でも簡単に栽培できるので、摘み立てのペパーミントでフレッシュミントティーを楽しむのもよいでしょう。暑い日は、フレッシュミントティーを炭酸で割り、ショウガやレモンを加えれば、より一層爽快感が感じられるはず。ミントの強い香りが好みの方はストレートで、苦手な方はカモミールやレモングラスなどをブレンドし、自分だけのオリジナルブレンドティーを作ってみてはいかがでしょう。

PEPPERMINT TEA ペパーミントティー	
ハーブティー	
原料 ペパーミント	
カフェイン なし	原料の原産地 ヨーロッパ

優しい香りには
リラックス効果も。

神聖なハーブを使ったホーリーバジルティー

　アジアやオーストラリアが原産のシソ科の植物、ホーリーバジル。
一般的にバジルというとスイートバジルのことを指し、ほかにも
150種類ほどの品種があります。ホーリーバジルは、和名で「カミメ
ボウキ」、タイでは「ガパオ」、インドでは「トゥルシー」と呼ばれ、加
熱しても風味が失われないことから、料理やハーブティーに重宝さ
れています。また、インドの伝統医学アーユルヴェーダで「不老不
死の薬」といわれ、5000年以上も前から神聖な植物として利用され
てきました。風邪や頭痛、心臓病、マラリアなどさまざまな治療薬
として使われ、数えきれないほどの薬効があると信じられています。

【左】6～8月頃に紫色の花を咲かせる。暑さに強く、育てやすい。【右】乾燥したホーリーバジル。花、葉、茎に薬効があり、全草使用することができる。

数あるハーブのなかでもわずかしかないアダプトゲンハーブ*の一つで、副作用がほとんどなく、ストレスへの抵抗力を高め、体調を整えてくれる効果が期待できます。また、バジル特有の香りは心をリラックスさせ、不安やストレスを解消する効果があるといわれています。そのほか、抗酸化作用によるアンチエ

HOLY BASIL TEA ホーリーバジルティー	
ハーブティー	
原料 ホーリーバジル	
カフェイン なし	原料の原産地 アジア、 オーストラリア

イジング効果やさまざまな臓器器官・神経機能の向上が期待でき、自然治癒力を高め丈夫な身体へと導いてくれるでしょう。

ハーブティーはストレートでもおいしく飲めますが、クセが少ないためほかのハーブとの相性も抜群。爽やかなすっきりとした味わいで、気分をリフレッシュしたいときや、カフェインレスなのでお休み前にもおすすめです。

＊さまざまなストレスに対して抵抗力を高める作用を持つハーブ

55　MORINGA TEA - モリンガティー -

和名は「ワサビノキ」だが、
ワサビとは全く異なる植物。

抗酸化作用が期待できるモリンガティー

　インド原産のワサビノキ科の樹木で、成長速度が非常に早く、乾燥地帯などの過酷な環境でも育つことから世界中で植樹が進められているモリンガ。ビタミンやミネラル、アミノ酸などの栄養素を90種類以上含み、その効能や効果は300種類以上あるいわれ、「奇跡の木」とも呼ばれています。種子から花までの全ての部分を利用することができ、インドの伝統医学アーユルヴェーダでも使用されてきたほか、世界三大美女として知られるクレオパトラも、モリンガオイルやモリンガティーを愛用していたといわれ、古くから重宝されてきました。日本でも、温暖な九州・沖縄地方で栽培されており、モ

【左】パウダータイプのモリンガ。スパイスや薬草としても用いられ、スーパーフードとして注目を集めている。【右】暑さに強い性質を持ち、夏に小さく白い花を咲かせる。

MORINGA TEA モリンガティー	
ハーブティー	
原料 モリンガ	
カフェイン なし	原料の原産地 インド

リンガティーのほかサプリメントや青汁、美容製品などが販売されています。

　モリンガにはビタミンA・C・Eなどの抗酸化ビタミンが多く含まれ、アンチエイジングや生活習慣病予防に効果が期待できます。また、アミノ酸の一種GABAが豊富で、現代社会におけるストレスの軽減や、血流を良くして血圧を下げる効果が期待できます。

　香ばしく香り高いモリンガティーは、コーン茶や麦茶のような飲みやすい味わい。クセが少ないので、緑茶やウーロン茶、ほかのハーブティーとの相性も抜群です。パウダー状のものもあり、ハーブティー以外にもデザートのトッピングにしたりお菓子の生地に混ぜたりと、さまざまな用途で気軽にモリンガを楽しめるでしょう。

125

葉緑素（クロロフィル）を豊富に含む。

緑茶のような優しい香りが特徴のネトルティー

　ネトルは和名を「セイヨウイラクサ」といい、ノコギリの歯のような
ギザギザとした長い葉が特徴の多年草の植物です。ヨーロッパ〜
温帯アジア、北アフリカが原産で、茎や葉の表面が鋭いトゲに覆わ
れていることから、英語で「針」を意味する「Needle」が名前の由来
になっています。このトゲは触ると刺すような刺激があり、皮膚が
赤く腫れるため、注意が必要です。

　ヨーロッパでは2000年以上前から、葉や茎、根を砕いて粉末やチ
ンキ*、クリームやハーブティーなどにし、呼吸器系の不調や関節炎
など、さまざまな症状に用いてきました。現代では、ネトルに含ま

＊ハーブを度数の高いアルコールに漬けて成分を抽出したもの

【左】乾燥したネトルの葉。ハーブティーにはお湯150mlに対し、葉4gが適量。【右】5〜10月にかけて、長い期間収穫することができる。ただし、素手では触らないようにすること。

れるクロロフィルやフラボノイドに浄血作用があることが分かっており、アトピーや花粉症などのアレルギー疾患に有効とされています。ドイツでは、春先にネトル入りのブレンドハーブティーを集中的に飲み、体内に溜め込んだ老廃物や毒素を排出し、アレルギーに対する体質改善を行う「春季療法」という習慣があります。ネトルとブレンドするハーブは、主にエルダーフラワーやタンポポなどで、これらと一緒に飲むことで、さらなる効果が期待できます。また、鉄分や葉酸などを豊富に含むことから、貧血予防や血行促進にも役立ちます。

緑茶に似た風味をしているため飲みやすく、食事にも合います。なお、抽出してから時間が経つと、茶色から濃い緑色へと変色する性質があります。

NETTLE TEA ネトルティー	
ハーブティー	
原料 ネトル	
カフェイン なし	原料の原産地 ヨーロッパ、アジア、北アフリカ

季節の変わり目や
寒い冬に最適。

ジンジャーティーは身体を温め風邪予防に最適

　香味野菜や香辛料として、私たちの生活になじみ深いショウガ。独特のシャープな辛味が特徴で、身体を温める効果などがあることで知られています。不思議なことに、これまで野生のショウガが発見されたことがないため原産地ははっきりしていませんが、インドや中国では紀元前より、吐き気や下痢、呼吸器系の不調の改善に用いられてきました。16世紀のイギリスでは、国王がペスト対策にショウガを食べることを奨励したため、1ポンド（約450g）でヒツジ1頭が買えるほど価格が高騰したこともあったそうです。

　ショウガは加熱・乾燥させることで、ギンゲロールという成分が

【左】はちみつとレモン、ミントを加えて飲みやすく。【右】スパイシーな香りは、夏バテで食欲がないときや乗り物酔いで気分が悪いときにもおすすめ。

ショウガオールに変化します。ショウガオールには血行を促進し、身体の深部の熱を作り出す作用があることから、冷え性の改善や風邪の初期症状の緩和に役立ちます。また、食前にジンジャーティーを飲むことで、胃液の分泌を良くして消化を助けます。ショウガの健康効果をより高めるためには、生のショウガをすりおろして入れるのではなく、乾燥ショウガを煮出したり、パウダータイプを使ったりするとよいでしょう。

ショウガと紅茶の組み合わせが基本のジンジャーティーですが、レモンやはちみつ入りのものもあり、種類はさまざま。リンデンなどほかのハーブとブレンドすれば、カフェインレスのジンジャーティーになるので、就寝前やリラックスしたいときに最適です。

GINGER TEA ジンジャーティー	
ハーブティー	
原料 ショウガ	
カフェイン なし	原料の原産地 不明

リコリスティーとリコリスの根。水色は茶色。

抗アレルギー作用が期待できるリコリスティー

　リコリスは、地中海沿岸〜西アジア原産のマメ科の植物で、和名を「スペインカンゾウ」といいます。「人類が手にした最も古い薬草」といわれるほど古くから使用されてきた歴史があり、紀元前5〜3世紀頃に編纂された医学書『ヒポクラテス全集』にも、リコリスに関する記述が見られるほど。現在もさまざまな薬効が認められており、根を乾燥させたものは生薬「甘草」として、胃潰瘍や腹痛、食欲不振、咳・痰などの症状に利用されています。また、ほかの生薬の刺激を緩和し、副作用を抑える目的で多くの漢方薬に配合されています。

　リコリスティーは、主に根と葡匐枝を使用します。根には砂糖の

＊地面をはうように伸びる枝のこと

【左】リコリスの葉と花。ヨーロッパ〜アジアまで広く分布する。【右】乾燥させたリコリスの根をパウダー状にしたもの。漢方処方で最も多く配合される。

LICORICE TEA	
リコリスティー	
ハーブティー	
原料	リコリス
カフェイン なし	原料の原産地 地中海沿岸、西アジア

50倍の甘味がありますが、香りはほとんどなく、飲みやすいハーブティーです。ほかのハーブとの相性も良く、カモミールとブレンドすれば胃痛に効果的なブレンドティーに。また、苦味や渋味の強いハーブには、リコリスをブレンドすることで甘味が増し、飲みやすくなります。根に含まれる成分グリチルリチンには、アレルギーを抑制する作用が報告されているので、続けて飲むことで花粉症やぜんそく・気管支炎などの症状の緩和が期待できます。さらに、煎じ液でうがいをすると喉の痛みに効果的なほか、ストレスが原因のうつ症状やイライラの緩和にも役立ちます。

なお、園芸種名として知られている「リコリス」はヒガンバナ属の別の植物で、有毒なので間違っても口にしないようにしましょう。

乾燥した葉を使った
タンポポ茶。

ノンカフェインコーヒーとして人気のタンポポ茶

　タンポポ茶は、乾燥したタンポポの葉を煮出して作るハーブティーと、根をコーヒー豆と同じように乾燥・焙煎して作る通称「タンポポコーヒー」の2種類があります。

　タンポポは「おねしょのハーブ」と呼ばれるほど利尿作用が高く、むくみや便秘の解消にも役立つといわれています。さらに、母乳の出を良くすることでも知られており、妊娠中や授乳中の女性からも重宝されています。なお、日本に自生する野草のタンポポには、在来種の「カントウタンポポ」や、外来種の「セイヨウタンポポ」などがありますが、どちらの種もタンポポ茶として使用できます。

【左】花がしぼみ、白い綿毛になったタンポポ。現在、日本で確認されるタンポポの約8割はセイヨウタンポポである。【右】タンポポコーヒーに使われるタンポポの根。

　香ばしい味わいや色味が特徴のタンポポコーヒーは、コーヒーと同じポリフェノールを含み、強い抗酸化作用や脂肪の蓄積を抑える働きによるダイエット効果、糖尿病予防の効果が期待できます。19世紀にアメリカで考案されたのが始まりとされ、第二次世界大戦時のドイツなどでは、コーヒー豆の供給が難しくなった際に、コーヒーの代用としてタンポポ茶を飲んでいたという歴史があります。

　濃いほうじ茶とコーヒーの中間のような味わいで、コーヒーを飲みたいけれどカフェインは控えたいという方にはうれしい飲料です。牛乳を加えてカフェオレ風にしたり、牛乳とショウガ、カルダモン、シナモンなどを加えてチャイ風ドリンクにしたりと、気分に合わせてアレンジしてみてはいかがでしょう。

DANDELION TEA タンポポ茶	
ハーブティー	
原料 タンポポ	
カフェイン なし	原料の原産地 ユーラシア大陸

ストレスの緩和に
おすすめのお茶。

生活習慣病予防効果が期待できるアマチャヅル茶

　ほんのり甘く、どこか懐かしい味わいのアマチャヅル茶。原料の
アマチャヅルは日本全国に自生するウリ科のつる性植物で、朝鮮半
島や中国、インド、マレーシアなどに広く分布しています。名前の
似ているアジサイ科のアマチャとは異なる植物ですが、乾燥させた
葉を煎じたものはほのかな甘味があることから、アマチャ(甘茶)＊に
ちなんでこの名が付けられました。

　中国では「絞股藍」という生薬名で、明の時代から気管支炎、肝炎
などの治療に用いられてきた歴史があります。日本では、1977年に
葉や茎に朝鮮人参と同様の有効成分であるサポニンが70種類以上

＊乾燥させたアマチャの葉を煎じた甘いお茶

【左】乾燥させたアマチャヅルの葉。漢字では「甘茶蔓」と表記する。【右】5枚の小葉から成り、夏～初秋にかけて黄緑色の小花を付ける。

含まれていることが明らかになり、健康茶として注目を集めました。サポニンは、渋味や苦味の元となる成分ですが、鎮静作用があり、ストレスが原因の不眠や胃の不調に効果が期待できます。また、コレステロール値を下げる効果や血管拡張作用などがあるとされ、生活習慣病の予防や老化防止にも最適です。

JIAOGULAN TEA アマチャヅル茶	
ハーブティー	
原料 アマチャヅル	
カフェイン なし	原料の原産地 東・南・東南アジア

　アマチャヅルは、痩せ地でも育つため手軽に栽培でき、葉を収穫して天日干しにするだけで簡単にアマチャヅル茶を作ることができます。鍋に水とアマチャヅル（目安の分量は、水1ℓに対して乾燥葉5g）を入れて火にかけ、沸騰したら弱火にして8分ほど煮出します。初めて飲む場合は薄めに作るとよいでしょう。季節の変わり目や花粉症対策には、甜茶やグアバ茶とのブレンドティーがおすすめです。

FISH MINT TEA -ドクダミ茶-

特有の臭気から、英語では「フィッシュミント」と呼ばれる。

民間薬として長い歴史を持つドクダミ茶

　湿った庭の片隅や道端に群生し、独特の臭気を放つドクダミ。そのイメージから敬遠している方もいるかもしれませんが、ドクダミは古くから薬草として用いられてきた歴史があり、その薬効は日本の三大民間薬の一つに数えられるほどです。強い殺菌・抗菌作用があることで知られ、湿疹やかぶれ、水虫などの皮膚疾患の外用薬のほか、胃炎や下痢、便秘などの内服薬としても用いられます。なお、ドクダミという名は、「毒を抑える」という意味の「毒矯み」に由来するなどの説があり、ドクダミ自体に毒はありません。

　ドクダミに含まれるポリフェノールには高い利尿作用があり、体

【左】ドクダミの花。白い花びらのように見えるのは苞（ほう）。【右】新鮮なドクダミ。日本や中国のほか、ベトナムやインドの一部の地域でもドクダミを食用に利用する。

内の余分なナトリウムを排出する作用のあるカリウムも豊富に含まれていることから、むくみの緩和やダイエット、デトックスに役立ちます。また、ビタミンCの吸収を促進するルチンが含まれているので、柿の葉茶やグアバ茶などとブレンドすることで、美肌・美白の相乗効果が期待できます。

　ドクダミ茶は、乾燥させたドクダミの葉を煎じて作るため、特有の臭気は和らぎますが、それでも完全に臭いがなくなるわけではないので、好き嫌いが分かれるお茶かもしれません。飲みにくい場合は、麦茶やウーロン茶など、ほかのお茶とブレンドして飲むとよいでしょう。また、濃いめに煮出したものをお風呂に入れれば、皮膚疾患の諸症状の緩和に役立つ薬湯になります。

FISH MINT TEA ドクダミ茶	
ハーブティー	
原料 ドクダミ	
カフェイン なし	原料の原産地 東アジア

かつて甜茶は中国国外
への持ち出しが禁止さ
れていた。

甜茶はアレルギーや花粉症の人の強い味方

　甜茶とは、中国産のチャノキ以外の植物から作られた甘いお茶の
総称で、バラ科、アカネ科、ユキノシタ科、ブナ科などの甜茶があ
ります。甜茶の「甜」は「甘い」という意味で、葉に甘味成分が含まれ
ていますが、カロリーはほぼありません。

　甜茶のなかでも、アレルギー抑制作用があることで知られ、日本
で多く流通しているのが、甜葉懸鉤子の甜茶です。甜葉懸鉤子は、広
西チワン族自治区に自生するバラ科の低木で、この辺りの地域では
5000年前から葉を煎じたものが飲まれています。甜茶は別名「開胃
茶」とも呼ばれ、食欲増進や咳止め、解熱に効く健康茶として親し

【左】カエデのような形をした甜葉懸鈎子の葉。5〜6月に白い花を付ける。【右】4〜11月に葉を採取し、日干しにして甜茶を作る。

CHINESE SWEET LEAF TEA 甜茶	
茶外茶・中国茶	
原料 甜葉懸鈎子など	
カフェイン なし	発祥地 中国

まれてきました。また、少数民族のヤオ族*の人々はおめでたい日や祝いの席で甜茶を飲む習慣があります。

甜葉懸鈎子の葉に含まれる特有の成分、甜茶ポリフェノールには抗ヒスタミン作用があるとされ、花粉症やぜんそくなどの症状の緩和に有効といわれています。また、甘味成分のルブソシドは砂糖の50〜100倍もの甘さがあるといわれ、砂糖の代用として使用することができます。このルブソシドは、虫歯を誘発する口腔内細菌の増殖を抑える働きがあり、甘いのに虫歯になりにくいのもうれしいポイントです。

レモングラスとブレンドすると、爽やかな風味でより飲みやすくなります。花粉症の時期に試してみてはいかがでしょうか。

＊中国湖南省から雲南省、東南アジア北部の主に山地に広く住む民族

茶色い水色は熟地黄に
由来している。

生薬を使う韓国伝統の薬膳茶、サンファ茶

　韓国には、「韓方」という韓国独自で発展した伝統医学があり、病気を未然に防ぎ、身体を内側から健康的に美しく保つ目的で日常生活に取り入れられています。そんな韓方の考え方に基づく「韓方茶」の代表がサンファ茶です。サンファ茶は、ナツメやショウガ、甘草（リコリス）、桂皮（シナモン）、当帰、熟地黄など、韓方の生薬を配合したお茶で、漢字で「双和茶」と書きます。「双和」とは陰陽の双方を調和させること――つまり、身体を守り、足りない生気を補うという意味があり、主に疲労回復や風邪予防、虚弱体質の改善に飲まれています。

＊1　ゴマノハグサ科アカヤジオウの根に酒を加えて蒸したもの

【左】セリ科の多年草トウキの根を乾燥させた生薬「当帰」は、漢方でもおなじみの存在。
【右】卵の黄身が入ったサンファ茶。

サンファ茶は元々「サンファ湯<small>タン</small>」という薬湯で、朝鮮時代はさまざまな病気の治療に用いられていました。サンファ湯を飲みやすいお茶にしたものがサンファ茶なので、どちらも原料は似ていますが、サンファ湯は医薬品に分類されるため、韓医院<small>ハニウォン</small>*2や薬局でしか購入できません。

SSANGHWA TEA サンファ茶	
薬膳茶	
原料	ナツメ、ショウガ、甘草（リコリス）、桂皮（シナモン）、当帰、熟地黄など
カフェイン なし	発祥地 韓国

生薬特有の香りや苦味があるので、飲みにくさを感じる人も多いかもしれませんが、クルミや松の実、ゴマなどを加えたものは比較的飲みやすくなっています。また、より強力な薬効を期待したい場合は、卵の黄身を加える飲み方もあります。韓国南西部に位置する井邑市<small>チョンウプ</small>の「サンファ茶通り」には、伝統茶専門店がずらりと並んでおり、扱うお茶も雰囲気もさまざま。足を運べばきっと、お気に入りの一杯が見つかるでしょう。

*2　韓方医療を行う病院のこと

メーカーによっては、
えぐ味を軽減している。

身体の巡りが気になったらイチョウ葉茶

　秋になると扇形の葉が黄色く色づき、街路樹や公園樹として親しまれているイチョウ。じつは、イチョウは生命力が大変強く、2億年以上も前から姿を変えずに生き残っていることから、「生きた化石」ともいわれています。

　イチョウの種子であるギンナン（銀杏）は、中国や日本で古くから食用とされてきたほか、民間医療では咳止めや夜尿症などに用いられてきました。また、イチョウの緑葉にエタノールを加え、フラボノイドなどの成分を抽出したものは「イチョウ葉エキス」と呼ばれており、血液の循環を改善する効果や記憶力を維持する効果があると

【左】イチョウの青葉。ドイツやフランスでは、イチョウ葉エキスは医薬品に認定されている。
【右】黄色に染まったイチョウ並木。

して、健康食品に利用されています。

　イチョウ葉茶は、乾燥させたイチョウの葉を煮出したお茶で、ほのかな渋味とすっきりした味わいがあります。特徴は、カテキンやフラボノイド、ケルセチンといった抗酸化作用を持つ成分が豊富に含まれていること。そのため、高血圧や動脈硬化など、生活習慣病の予防に効果的です。また、血流を良くする作用もあるので、肩凝りや冷えの改善のほか、認知症の予防や改善にも期待されています。ただし、自分でイチョウの葉を集めて茶葉を作ったり、煮出し時間が長かったりすると、アレルギー物質であるギンコール酸が多く残留し、吐き気や腹痛、湿疹などのアレルギー反応が起こる可能性があるため注意しましょう。

GINKGO BILOBA TEA イチョウ葉茶	
茶外茶	
原料 イチョウ	
カフェイン なし	原料の原産地 中国

143

学名の「Diospyros」は
「聖なる果実」を意味する。

レモンの20倍のビタミンCを含む柿の葉茶

　柿は、カキノキ科の落葉樹カキノキになる果物で、日本では『古事記』や『日本書紀』にも登場するほど、古来より親しまれています。昔は渋柿しかありませんでしたが、鎌倉時代に突然変異によって甘柿が誕生し、現在、柿の品種は1000以上あるとされています。

　果実だけでなく、ヘタはしゃっくりを止める漢方薬や夜尿症を改善する民間薬に、幹は家具や工芸の材料として、さまざまな部位が利用されています。なかでも葉には優れた健康効果があり、一説によると中国では、漢代にすでに柿の葉茶が飲まれていたといわれています。また、殺菌効果を利用した日本の「柿の葉寿司」は有名です。

【左】柿と干し柿。食べ過ぎると身体が冷えることも。【右】奈良県や和歌山県、石川県、鳥取県を代表する郷土料理の一つ、柿の葉寿司。

　柿の葉の最大の特徴は、レモンの20倍ものビタミンCを含む点です。通常、ビタミンCは熱に弱い性質がありますが、柿の葉に含まれるビタミンCは熱に強く、熱いお茶にしても分解されません。また、タンニンを含むので、コレステロールの酸化を防ぎ、動脈硬化などの生活習慣病を防ぐ効果が期待できます。

　ほのかな甘味とさっぱりした口当たりの柿の葉茶ですが、煮出し過ぎると渋味が強くなり、栄養素が壊れるため、急須やティーポットに熱いお湯を入れて茶葉を蒸らして作りましょう。出がらしは入浴剤として使用すれば、冷え症やあせも、湿疹などの改善が期待できます。お湯を注ぐだけですぐに飲める粉末タイプも流通しており、忙しい方にはこちらがおすすめです。

PERSIMMON LEAF TEA 柿の葉茶	
茶外茶	
原料	カキノキ
カフェイン なし	原料の原産地 東アジア

すっきりと飲みやすく、食事との相性も良い。

ポリフェノールが豊富に含まれるグアバ茶

　熱帯・亜熱帯地域で広く栽培されるグアバは、フトモモ科の低木で、現在は100以上の品種があります。果肉は赤やピンク、白などで、モモに似た甘味に酸味がプラスされたような味わいが特徴。原産地の熱帯アメリカでは紀元前800年頃から食されてきた歴史があり、古代インカでは「聖なる木」として珍重されてきました。日本では沖縄や鹿児島などで栽培されており、沖縄では「バンシルー」と呼ばれています。ビタミンC・B群をはじめとする栄養素を豊富に含むことから、近年はスーパーフードとしても注目されており、そのまま食べるだけでなく、ジュースやジャムにも加工されています。

【左】赤肉種のグアバ。果肉はややねっとりとしている。【右】乾燥したグアバの葉。「グアバ葉ポリフェノール」は、厚生労働省認定の特定保健用食品の関与成分として認められている。

GUAVA LEAF TEA グアバ茶	
茶外茶	
原料 グアバ	
カフェイン なし	原料の原産地 熱帯アメリカ

葉には、グアバ葉ポリフェノールという特有のポリフェノールが含まれており、食中・食後にグアバ茶を飲むことで糖の吸収が穏やかになり、血糖値の上昇を抑える効果があるとされています。また、動脈硬化や高血圧などの生活習慣病予防に役立つほか、アトピーや花粉症などのアレルギー症状を軽減する効果もあるといわれています。中国や台湾では昔から、糖尿病の民間薬としてグアバ茶が飲まれてきた歴史があります。

グアバ茶は、クセがなく香ばしい香りとさっぱりとした味わいのお茶ですが、茶葉に果実も含まれているものだと、程よい甘さと酸味も感じることができます。飲みにくい場合は、ほうじ茶や麦茶など、ほかのお茶とブレンドすると飲みやすくなります。

「くうていちゃ」と呼ばれることもある。

解熱・抗炎症作用があるとされる苦丁茶

　「良薬口に苦し」という言葉がありますが、苦丁茶はまさに苦くてさまざまな薬効があるお茶です。原料となる茶葉はいくつかありますが、一般的なのはモチノキ科苦丁樹の葉で、1枚の葉をねじって作ることから「一葉茶」とも呼ばれています。中国では2000年前から薬膳茶として飲まれている歴史の古いお茶で、生薬としては、頭痛や眼精疲労を改善し、解熱・解毒作用があるとされています。また、その苦さから虫に食われにくく、農薬が必要ないというのも特徴の一つです。

　苦丁茶の苦味はカテキンではなく、トリテルペンとサポニンとい

【左】グラスの中で開く葉。上質な茶葉の場合、後味がほんのり甘く飲みやすい。
【右】こより状にねじられた苦丁茶の茶葉。

う成分によるものです。トリテルペンには抗アレルギー作用がある
とされ、近年は花粉症などのアレルギー症状を緩和する目的で飲む
人が増えています。また、サポニンには血流改善や免疫力を高める
効果があるとされ、冷え性の改善や風邪予防に役立ちます。

　苦丁茶の淹れ方は、急須に茶葉を1〜2本入れ、熱湯を注いだら
30秒〜1分ほど蒸らし、湯飲みに注ぎます。茶葉を多く入れたり、蒸
らし時間が長いと苦味が強くな
るので注意しましょう。水色は、
緑茶と同様に淡い黄緑色〜緑色
をしており、上質な茶葉は苦味
が通り過ぎた後に爽やかな甘味
が口の中に残ります。1990年代
後半ぐらいから苦味を抑えるた
めの品種改良も進んでおり、苦
味の度合いは生産地によって差
があります。

KUDING TEA 苦丁茶	
茶外茶・中国茶	
原料 苦丁樹など	
カフェイン なし	発祥地 中国

クセがなく飲みやすい桑の葉茶。

血糖値の上昇を抑える成分の入った桑の葉茶

　桑は、果実や枝、根、葉とあらゆる部位に効能があり、美容や生薬の用途で利用されています。100以上の品種があるとされ、スーパーフードとして注目を集めているマルベリーがなる西洋クワ系、漢方の生薬に用いられるマグワ系、養蚕用に栽培されてきたヤマグワ系と、大きく3系統に分けることができます。

　中国では、1〜2世紀頃に書かれた中国最古の薬物書『神農本草経』に桑の効能が紹介されており、桑の葉を日陰で乾かしたものは「神仙茶」と呼び、滋養強壮や咳止めなどに用いられてきました。また、日本でも鎌倉時代からその健康効果は知られており、薬草として利

【左】「ホワイトマルベリー」とも呼ばれるマグワの果実。【右】乾燥した桑の葉。桑の葉の収穫は5〜11月まで行える。

用されてきた歴史があります。

　桑の葉にはクロロフィルやフラボノイド、食物繊維やビタミン、ミネラルなど健康に役立つさまざまな成分が含まれていますが、なかでも特徴的なのはデオキシノジリマイシンという成分です。この成分は桑の葉特有のもので、食後の血糖値の急激な上昇を抑える作用があり、糖尿病や肥満の予防に役立ちます。また、リラックス作用のあるGABAが含まれているので、就寝前に飲むことで睡眠の質の向上が期待できます。

　味は、草のような香りとほのかな苦味がありますが、後味はすっきりしており、飲みやすいお茶です。効率良く栄養分を摂りたい場合は、抽出した桑の葉茶より、葉を粉末にした粉末タイプがおすすめです。

MULBERRY LEAF TEA	
桑の葉茶	
茶外茶	
原料	
桑	
カフェイン	原料の原産地
なし	中国〜朝鮮

69

BUCKWHEAT TEA - そば茶 -

ソバの実を焙煎して
作られるそば茶。

そば茶は特有の香味が特徴の飽きのこない健康茶

　私たちが普段食べている蕎麦の原料と同じ、ソバの実から作られるそば茶。乾燥させたソバの実の皮をむき、焙煎することで、ソバが持つ独特の風味や香りをお茶として楽しむことができます。

　そば茶には、普通のソバから作られる「そば茶」と、同じソバの仲間であるダッタンソバから作られる「韃靼そば茶」の2種類があります。日本では主に普通のソバが栽培されており、約9300年前の縄文時代に栽培が始まったと考えられています。一方、ダッタンソバは中国やネパール、ブータンなどで栽培されており、普通のソバに比べて苦味が強いことから、中国では「苦ソバ」と呼ばれています。

【左】ソバの穂。穀物のなかで唯一、ルチンを含んでいる。【右】ソバの花。山間地や冷涼な気候の地域で栽培される。

共にルチンというポリフェノールの一種が含まれていますが、ダッタンソバに含まれるルチンは普通のソバの約120倍。ルチンには毛細血管を強化する作用があり、動脈硬化や脳卒中の予防に効果があることが分かっています。ただし、ルチンは水に溶けやすいため、蕎麦を食べるよりそば茶を飲むほうが効果的

BUCKWHEAT TEA そば茶	
穀物茶	
原料	
ソバ	
カフェイン	原料の原産地
なし	東アジア

に摂取できます。また、食物繊維やカリウムも含まれているので、腸内環境を整え、むくみ対策にも最適です。

そば茶は飽きのこない味で、ホットでもアイスでもおいしくいただけるので、日常用のお茶としておすすめです。また、ほうじ茶のような香ばしさがあるので、牛乳を加えてほうじ茶ラテのようにも楽しめます。ただし、そばアレルギーがある方は注意が必要です。

70

CORN TEA - コーン茶 -

香ばしい香りとほのかな甘味が飲みやすい。

韓国で日常的に親しまれている**コーン茶**

　コーン茶は、韓国の伝統的な健康茶です。日本でいうところの麦茶のような存在で、韓国語では「オクススチャ」といい、「オクスス」は「トウモロコシ」を意味します。乾燥させたトウモロコシの実を炒って煮出して作られ、香ばしい香りとトウモロコシの甘味が特徴。カフェインも含まれていないので、小さな子どもから年配の方まで安心して飲めるお茶です。韓国の飲食店では食事と一緒に出されることも多く、家庭で作られるほか、ティーバッグやペットボトル飲料としても広く市販されています。

　コーン茶には、強い抗酸化作用のあるビタミンEが多く含まれて

【左】トウモロコシのひげを使ったオクススヨムチャ。【右】焙煎したトウモロコシの実。やかんなどで煮出してコーン茶を作る。

CORN TEA コーン茶	
穀物茶	
原料 トウモロコシ	
カフェイン なし	発祥地 韓国

おり、血行を促進し、冷え性の改善に役立ちます。効果を高めたい場合は、ショウガとのブレンドがおすすめ。また、水に溶けやすいカリウムや食物繊維を多く含むことから、便秘やむくみを改善し、ダイエットのサポートにも最適です。デトックス効果と合わせて美肌やニキビの改善にも期待できるでしょう。

　なお、トウモロコシの実だけでなく、トウモロコシのひげを使ったお茶もあり、こちらは「オクススヨムチャ」といいます。トウモロコシのひげは、「南蛮毛（なんばんげ）」または「玉米髭（ぎょくべいじゅ）」という生薬名で漢方にも使われているので、コーン茶よりもさらに健康効果が期待できそうです。ただし、トウモロコシのひげには苦味があるため、飲みやすさでいうと、コーン茶に軍配が上がります。

優しいミルク色をしたユルム茶。

ユルム茶はハトムギを主原料とする健康茶

　韓国語で「ハトムギ茶」を意味するユルム茶。同じハトムギ茶でも、日本で飲まれているものとは風味が大きく異なります。ユルム茶の原材料は、ハトムギのほか、クルミ、松の実、アーモンドなどのナッツ類を混ぜて粉末にしたもので、これをお湯や水に溶かして飲みます。甘くてほっとする味はきな粉に例えられることが多く、ナッツの粒々とした食感があるので、腹持ちが良いのが特徴です。朝食やおやつ代わりのほか、食前に飲むことで食べ過ぎを防ぐなど、ダイエットにも最適なお茶として女性に人気があります。スティックタイプが一般的ですが、韓国では自動販売機でも売られています。

【左】ハトが好んで実を食べたことから「ハトムギ」の名が付いた。【右】クルミとアーモンド。ビタミンやミネラルが豊富に含まれている。

　主原料であるハトムギは、東南アジアを原産とするイネ科の植物で、11世紀に中国から朝鮮半島へ伝わったとされています。中国では種皮を取り除いた種子を「薏苡仁」という生薬にし、鎮痛・利尿作用があることから、関節痛や筋肉痛、神経痛などに用いてきました。民間薬としては、イボや肌荒れに効果的とされています。また、ナッツ類には、抗酸化作用に優れたビタミンE・B群、ミネラル、食物繊維のほか、不飽和脂肪酸が豊富に含まれており、生活習慣病の予防やデトックス、美肌やアンチエイジングとさまざまな効果が期待できます。

　牛乳や豆乳で割ったり、砂糖を加えたりするとおいしさが増しますが、その分カロリーが高くなるので、ダイエット目的の方は気を付けましょう。

YULMU TEA ユルム茶	
穀物茶・茶外茶	
原料	ハトムギ、クルミ、松の実、アーモンドなど
カフェイン なし	発祥地 韓国

韓国では幅広い世代
に愛飲されている。

高麗人参茶の効能はまるで栄養ドリンク

　滋養強壮効果をうたった健康食品や栄養ドリンクに、必ずといっていいほど配合されている高麗人参。中国東北部〜朝鮮半島にかけてを原産とし、野菜として食されるニンジンがセリ科であるのに対し、高麗人参はウコギ科の植物です。別名「御種人参」「朝鮮人参」とも呼ばれ、中国や朝鮮半島では、紀元前から生薬として珍重されてきました。日本へは、奈良時代に渤海国の使者が聖武天皇に高麗人参を献上したのが始まりとされています。

　高麗人参にはジンセノサイドという特有のサポニンが含まれています。サポニンには抗酸化作用があり、疲労回復や血流改善、免疫

【左】高麗人参の花。江戸時代から日本各地でも栽培が始まった。【右】生薬としてもおなじみの高麗人参。特有の匂いがある。

力向上や肥満防止に役立ちます。さらに、月経不順や更年期障害など、女性特有の悩みにも有用とされています。

　お茶に利用されるのは、高麗人参の皮をむいて天日干しした「白参」と、皮をむかずに蒸した後、天日干しした「紅参」です。紅参の方がサポニンが多く含まれており、健康効果が高いとされています。また、高麗人参は栽培期間が長いことでも知られており、特に6年根のものが最高品質とされています。

　粉末状のものをお湯に溶かして飲みますが、独特の味や匂いがあるので、気になる場合はほかのお茶とブレンドしたり、はちみつを加えたりすると飲みやすくなります。副作用は少ないとされていますが、高血圧の人は医師に相談しましょう。

KOREAN GINSENG TEA	
高麗人参茶	
薬膳茶	
原料	
高麗人参	
カフェイン	原料の原産地
なし	中国、朝鮮半島

飲み過ぎると下痢になる恐れがあるので注意。

家庭でも手軽に作れるゴボウ茶

　日本で野菜として親しまれているゴボウは、ユーラシア大陸原産のキク科の植物で、平安時代に中国から日本へ伝わりました。ゴボウの根を食用にするのは、日本をはじめとする東アジアの一部の国のみですが、ヨーロッパでは葉をサラダに使ったり、根を薬草に使ったりします。また、中国ではゴボウの種子を乾燥させたものを生薬にし、風邪による咳や痰、解熱などの用途に使用します。

　ゴボウといえば食物繊維ですが、なかでも注目したいのがイヌリンと呼ばれる水溶性食物繊維の一種です。イヌリンは、大腸でビフィズス菌などの善玉菌に利用され、腸内環境の改善や便秘の解消に

【左】6〜7月に、アザミに似た紫色の花が咲く。【右】乾燥ゴボウ。日本では品種改良を行って、さまざまな品種を栽培している。

役立ちます。また、糖の吸収を抑制し血糖値の上昇を抑える働きもあるので、糖尿病予防に効果的とされています。さらに、ゴボウはデトックス効果が高く、湿疹やニキビ、じんましんなどの皮膚疾患のほか、むくみの改善にも有用です。

日本ではゴボウを煎じたお茶を「ゴボウ茶」と呼びますが、英

BURDOCK ROOT TEA ゴボウ茶	
茶外茶・ハーブティー	
原料 ゴボウ	
カフェイン なし	原料の原産地 ユーラシア大陸

語では「バードックルートティー」と呼ばれ、欧米でハーブティーとして飲まれています。ゴボウ茶は、ゴボウ特有の香りと香ばしさ、自然な甘味が感じられるお茶で、家庭でも簡単に作ることができます。作り方は、ゴボウをピーラーでスライスし、1〜2日ほど天日干しし、フライパンでから炒りしたら出来上がり。急須などでお湯を入れて抽出しても、煮出してもおいしくいただけます。

アントシアニンが豊富
に含まれている。

冷え性対策にも良い、香ばしい 黒豆茶

　香ばしい香りが特徴の黒豆茶。黒豆茶を普段あまり飲まない方も、美容や健康に良いというイメージを持っているかもしれません。大豆の一品種として日本で生まれた黒豆は、古くから健康食材として親しまれており、民間療法や漢方・薬膳に用いられてきました。なお、黒豆の煮豆がおせち料理に使われるのは、江戸時代に丈夫な身体を「まめ」と呼んだことに由来し、1年間健康に過ごせるようにと、高級料亭がゲン担ぎで考案したのが始まりといわれています。

　黒豆の成分で注目したいのが、強い抗酸化作用を持つポリフェノールの一種アントシアニンです。アントシアニンには血行を良くす

【左】艶やかに黒光りする黒豆の煮豆。【右】豆の形がそのままのプレーンタイプは、お茶として楽しんだ後、黒豆を食べることもできる。

KUROMAMECHA 黒豆茶	
穀物茶	
原料 黒豆	
カフェイン なし	発祥地 日本

る働きがあり、身体の隅々まで酸素と栄養素が行き渡ることで、手足の冷えの改善が期待できます。毎日黒豆を食べるのは大変かもしれませんが、お茶なら、水溶性で熱にも強いアントシアニンを効率良く摂取することができます。

　黒豆茶には、黒豆をそのまま使うプレーンタイプと、粉砕した黒豆を使うティーバッグタイプがありますが、プレーンタイプの方がえぐ味がなく香り高いのでおすすめです。また、黒豆茶に使用される品種は、一般的に「丹波黒」「光黒」「黒千石」の3種類があり、丹波黒は大粒で香ばしい香りが強く、光黒は小粒で甘味が強いのが特徴。黒千石は、ほかの黒豆よりもポリフェノール含有量が多いことから健康志向の高い人に人気があります。

ゴーヤとゴーヤ茶。ビタミンCが多く含まれている。

美容にうれしい成分がたっぷり入った**ゴーヤ茶**

　独特の苦味が楽しめるゴーヤは、沖縄料理に欠かせない食材の一つ。本州でもすっかりおなじみの野菜ですが、ゴーヤ茶を飲んだことがある方はそれほど多くないのではないでしょうか。そもそもゴーヤとは沖縄で使われている呼び方で、標準和名は「ツルレイシ」、別名「ニガウリ」といいます。熱帯アジアが原産で、日本へは16〜17世紀に中国を経て伝来しました。

　ゴーヤにはビタミンCや食物繊維、β-カロテンやカリウムが豊富に含まれているため、疲労回復や風邪予防、動脈硬化予防に役立ちます。また、苦味成分であるチャランチンとモモルデシンがインス

【左】艶のある成熟直前のものを収穫する。完熟したオレンジ色のゴーヤからは種取りが可能。【右】種子や綿ごと実を薄切りにし、乾燥させたゴーヤ。

リンの分泌を促し、血糖値を下げることによって糖尿病予防に効果があるとされています。

　ゴーヤ茶には、ゴーヤを炒った乾燥タイプのほか、粉末タイプやティーバッグタイプがあります。ティーバッグは手軽にゴーヤ茶を飲むことができるので初心者の方におすすめ。粉末は牛乳や豆乳で溶かし、はちみつを加えて飲むとおいしくいただけます。もっとしっかりゴーヤの風味を感じたいという方には、乾燥タイプがよいでしょう。ほのかな苦味とほうじ茶のような香ばしさが楽しめます。飲みやすいお茶ですが、ゴーヤ特有の風味が気になる場合はアイスにすることで飲みやすくなります。また、ゴーヤさえあれば家庭でも簡単にゴーヤ茶を作ることができます。

BITTER MELON TEA ゴーヤ茶	
茶外茶	
原料 ゴーヤ	
カフェイン なし	原料の原産地 熱帯アジア

酸味があるので、はちみつ
を入れてもよい。

ポリフェノール含有量の豊富なサンザシ茶

　真っ赤な果実は生食のほか、サンザシ茶やサンザシ酒、ジュース、
ドライフルーツとして食用に利用されるサンザシ。原産地は中国中
南部で、日本へは江戸時代に薬用の樹木として中国から持ち込まれ、
庭木や盆栽など、観賞用として好まれています。

　サンザシが属するバラ科サンザシ属は、1000以上もの品種が存在
しますが、そのほとんどの果実が食用になるほか、薬用などさまざ
まな用途に利用されてきました。例えばセイヨウサンザシは、ヨー
ロッパでは「心臓を守るハーブ」とされ、心疾患などの治療に用いら
れてきた歴史があります。また、中国では、サンザシおよびオオミ

【左】収穫した果実を輪切りにして乾燥させたドライサンザシ。【右】石川県兼六園のサンザシ。白くかわいらしい花を咲かせる。

サンザシの果実を乾燥させたものを、胃腸を整える生薬「山査子」とし、約2000年前から使用してきました。

　サンザシ茶に用いられるサンザシとオオミサンザシは、どちらも強い酸味がありますが、サンザシにはやや渋味があるのに対し、オオミサンザシには酸味に加えて甘味もあります。栄養成分や健康効果に差異はほとんどなく、胃酸の分泌を促し、胃の負担を軽減させる効果があり、整腸や食欲増進、下痢の改善に最適です。お茶を飲むタイミングはいつでも構いませんが、肉料理や脂っこい料理を食べた後に飲むと、胃がすっきりしておすすめです。また、強い抗酸化作用を持つポリフェノールが赤ワインの5倍も含まれているので、アンチエイジングにもぴったりです。

HAWTHORN TEA サンザシ茶	
ハーブティー	
原料 サンザシ、オオミサンザシ	
カフェイン なし	原料の原産地 中国中南部

167

乾燥ラカンカとラカンカ茶。
黒砂糖に似た甘味が特徴。

万病に効くと伝えられるラカンカ茶

　砂糖の300〜400倍の甘さを持つといわれるラカンカは、中国南部の都市、桂林が原産のウリ科の植物です。名前の由来は諸説ありますが、さまざまな薬効があることから、仏教の聖人賢者「羅漢（阿羅漢）」に例えられ、その名が付いたといわれています。

　ブドウ棚のような棚で栽培され、果実はやや光沢を帯びた濃い緑色をしていますが、生で食べると酸味と苦味、渋味があり、甘味はほとんど感じません。ラカンカの甘味は、乾燥して初めて甘味が出る特殊な成分トリテルペン系配糖体によるもの。この甘味成分は体内に吸収されず、ゼロカロリーなので、ダイエット中の方や糖尿病

【左】乾燥したラカンカ。細かく砕いたものをティーバッグに入れて煮出す。【右】熟したラカンカの果実。9〜11月にかけて収穫できる。

の方にはうれしい果物です。また、現代人に不足しがちなミネラルを豊富に含んでいます。

ラカンカ茶は、果実を乾燥させ、砕いたものを煎じて飲むお茶で、黒糖のような風味が特徴。中国では、喉や肺を潤し、咳を鎮めたり痰を切ったりする効果があることで知られています。そのほか、抗酸化作用、糖尿病

LUO HAN GUO TEA ラカンカ茶	
茶外茶	
原料 ラカンカ	
カフェイン なし	原料の原産地 中国・桂林

予防、アレルギー予防などの効果も期待されています。

さまざまなタイプのお茶がありますが、粉末タイプはコーヒーや紅茶、料理などの砂糖代わりにも使用できるので、おすすめです。ただし、てんさい糖などが含まれている場合もあるので、購入前に成分を確認しましょう。また、初めて飲む場合は甘味を強く感じるため、薄めに淹れるとよいでしょう。

はちみつやレモンを加えると飲みやすい。

ウコン茶は二日酔い予防の強い味方

　カレーに使用するスパイス「ターメリック」や、二日酔い対策としておなじみのウコン。ショウガ科に属する植物で、約50の品種がありますが、日本では一般的にウコンといえば「秋ウコン」を指します。紀元前10世紀頃からインドで栽培されており、伝統医学アーユルヴェーダやインド料理のほか、染料の原料としても用いられてきました。日本においては、16世紀に中国と琉球を経て伝えられ、生薬や染料として珍重されていました。

　ウコンの代表成分といえるクルクミンは、ポリフェノールの一種で、肝臓の解毒機能を高める作用と胆汁の分泌を促す作用があるこ

【左】濃いオレンジ色をしている根茎と粉末。食用のほか、黄色の染料に用いられる。
【右】ウコンの花。白い花のように見えるのは、葉が変化した苞葉（ほうよう）。

TURMERIC TEA ウコン茶	
茶外茶	
原料 ウコン	
カフェイン なし	原料の原産地 インド

とから、肝機能を向上させる効果があると考えられています。また、クルクミンの持つ強力な抗酸化作用は、認知症や生活習慣病の予防、アンチエイジング効果が期待されています。

ウコン茶は、ウコンの根茎を乾燥させて砕いたり、生でスライスしたりしたものを煮出して飲むお茶です。沖縄では「うっちん茶」と呼ばれ、ティーバッグやペットボトル、缶飲料として親しまれています。木の根や土のような風味に加え、やや苦味がありますが、この独特の風味がクセになる人も多いそう。飲みにくい方は、ウコンを発酵することで独特の苦味や匂いを抑えた「発酵ウコン茶」がすっきりしていて飲みやすいのでおすすめです。お酒が好きな方は、焼酎や泡盛のウコン茶割りなどもいかがでしょうか。

紅茶のような水色をしている。

江戸時代に流行したミネラル豊富なビワ茶

　初夏に楽器の琵琶に似たオレンジ色の果実がなるビワは、無農薬でも育てられる数少ない果樹といわれており、育てやすい家庭果樹として定番です。原産は中国南西部で、日本へ持ち込まれたのは弥生時代以前とされていますが、本格的な栽培は江戸時代後期に始まりました。果実は生で食べるほか、ジャムや果実酒などに使用されます。葉や種子は、古くから生薬や民間薬として使用されており、現在も、咳を鎮め、痰切れを良くする目的で漢方薬に配合されています。また、抗酸化作用を持つタンニンやサポニンが含まれているので、老化を防止し、動脈硬化などの生活習慣病予防に効果的です。

【左】大きな葉は革のように厚く、裏面に褐色の綿毛が密生している。【右】乾燥したビワの葉。入浴剤としても使用できる。

　葉を使うビワ茶は、ほのかに甘味があり、あっさりとした飲みやすいお茶で、日本では江戸時代から庶民のお茶として親しまれてきました。夏の京都や江戸の町では、暑気払いや利尿、食当たり予防に効くとし、ビワの葉を乾燥させ、甘草や肉桂などを合わせて煎じた「枇杷葉湯」というお茶が振る舞われていたそうです。

　そのまま飲んでもおいしいですが、濃いめに煮出したものに牛乳を入れてラテにするのもおすすめ。出がらしは、お風呂に入れて入浴すると、湿疹やかぶれなど皮膚トラブルの改善・予防に役立ちます。なお、種子にはアミグダリンという青酸中毒を引き起こす恐れのある成分が含まれているため、ビワ茶を購入する際は、種子が含まれていないものを選ぶようにしましょう。

LOQUAT TEA ビワ茶	
茶外茶	
原料 ビワ	
カフェイン なし	原料の原産地 中国南西部

マツの葉が浮かぶ、松葉茶。

不老長寿の象徴とされたマツから作った松葉茶

　日本各地に自生し、縁起物としておなじみのマツ。日本のマツの歴史は縄文時代にまでさかのぼり、食用や薬用、木材やたいまつなど、さまざまな用途に使われてきました。平安時代の人々は、マツの葉が色あせることなく青々としていることから、「不老長寿」の象徴として称えたといいます。また、中国でマツの葉や実は不老長寿の妙薬として仙人が食するものと伝えられており、健康に良い食品として薬膳料理などに用いられています。

　マツの葉には、ビタミンA・C・Kやミネラル、アミノ酸のほか、ポリフェノールの一種であるケルセチン、クロロフィルが豊富に含

【左】マツの実は松ぼっくりの中にある種子の一部を取り出したもので、主に薬膳に使われる。【右】マツのある風景。枝が広葉樹のように広がる。

まれています。これらの成分は、血流を改善し、動脈硬化や高血圧を予防する効果などが期待できます。

　マツには約100の品種がありますが、松葉茶に用いられるのは主にアカマツとクロマツです。味は、ハーブティーのような爽やかな風味がありますが、やや苦味もあるので、飲みにくい場合は緑茶などほかのお茶とブレンドするとよいでしょう。また、松葉茶を自宅で手作りすることも可能です。作り方は、マツの葉を茎ごと採取した後、きれいに洗ってから2〜3日ほど天日干しし、乾燥してきたら茎と根元の茶色い部分を切り落とし、3等分します。さらに4日ほど日陰干ししたものをミルサーでやや粗めに粉砕したら出来上がり。急須やお茶パックなどを使って淹れましょう。

PINE NEEDLE TEA 松葉茶	
茶外茶	
原料	マツ
カフェイン あり	原料の原産地 北半球

コーヒー豆の種類②

現在では世界中で飲まれているコーヒーですが、
お茶と同様、産地や品種によって味や香りはさまざまです。
ここでは、代表的なコーヒー豆の銘柄・産地を紹介します。

ブラジル

コーヒー豆の生産量世界第1位を誇る、コーヒー大国ブラジル。程よい苦味とまろやかなコク、爽やかな酸味があり、バランスの取れた味わいが特徴です。なかでも、サントス港から出荷された「サントス」と呼ばれる豆は有名で、マイルドコーヒーの代表として知られています。

特徴	味のバランスが良い、爽やかな香り
おすすめの焙煎度	中深煎り
おすすめのブレンド	キリマンジャロなど

モカ

アラビア半島の南西に位置するイエメンのモカ港から出荷されたコーヒー豆のことで、イエメン産とエチオピア産の2種類があります。フルーツのような爽やかな酸味と甘い香りが特徴で、苦味が少ないためブラックで飲むことをおすすめします。なお、「モカ」と「カフェモカ」は全くの別物なのでご注意を。

特徴	フルーティーな酸味と香り、深いコク
おすすめの焙煎度	中煎り
おすすめのブレンド	コロンビア、ジャワ

その他のコーヒー豆	
エチオピア	アラビカ種の原産国で、コーヒーの名産地が点在しています。バランスの良い酸味と甘味が特徴。
ケニア	フルーティーな酸味としっかりとした甘味があり、深煎りにしても酸味が消えないという特徴があります。

マンデリン

インドネシアのスマトラ島で栽培されている希少なコーヒー豆。アチェ州産のマンデリンは、ハーブやシナモンのような爽かな香りとすっきりとした雑味のない味わいで、世界的にも高く評価されています。苦味とコクを味わいたい方には、北スマトラ州産のマンデリンがおすすめです。

特徴	程よい苦味と酸味、ハーブのような香り
おすすめの焙煎度	中深煎り
おすすめのブレンド	コナ、コロンビア

コスタリカ

熱帯雨林が国土の40%以上を占める、コーヒー栽培に適したコスタリカ産のコーヒー豆で、栽培地の標高の高さで格付けがされています。苦味は控えめで、バランスの良い酸味と軽い飲み口が特徴です。また、「ハニープロセス」という独自の精製方法により、しっかりとした甘味も感じられます。

特徴	濃厚なコクと甘味、豊かな酸味
おすすめの焙煎度	中深煎り
おすすめのブレンド	グアテマラ、ブラジル

コロンビア

世界有数のコーヒー大国コロンビアで生産されるコーヒー豆。豆の粒は大きめで、甘い香りとまろやかな酸味があり、バランスが良くマイルドな味わいが特徴です。コロンビアコーヒーのなかでも、3%に満たない厳選された「エメラルドマウンテン」は、高級豆としてよく知られています。

特徴	マイルドなコク、フルーティーな香り
おすすめの焙煎度	中深煎り、深煎り
おすすめのブレンド	マンデリン、モカ

コーヒーの種類の違い

喫茶店やカフェには、カプチーノやカフェラテなどさまざまなメニューが
ありますが、違いがよく分からないという方も少なくないかもしれません。
覚えておきたいコーヒーの種類を紹介するので、
コーヒーを楽しむ際の参考にしてみてください。

エスプレッソ

専用の機械を使い、コー
ヒー豆に圧力をかけなが
ら抽出したコーヒー。

カプチーノ

エスプレッソに泡立てた
ミルクをたっぷりと加え
たもの。

カフェ・ラテ

エスプレッソに温めたミ
ルクを加えたもの。カプ
チーノよりもマイルド。

カフェ・マキアート

少量のフォームミルクを
エスプレッソに加えた
もの。

フラットホワイト

エスプレッソにスチーム
ミルクを加えたもの。泡
は少なく、クリーミー。

アメリカーノ

エスプレッソをお湯や水
で割って、飲みやすくし
たもの。

カフェ・モカ

温めたミルクとチョコレー
ト、ホイップクリームをエ
スプレッソに加えたもの。

コンパナ

エスプレッソにホイップ
クリームを乗せた、デザ
ート感覚のコーヒー。

ラテ・マキアート

温めたミルクの上に少量
のエスプレッソを注いだ
もの。

Chapter 5

その土地ならではの
少し珍しいお茶

UNIQUE LOCAL TEA

81 BUBBLE MILK TEA - タピオカミルクティー -

「タピオカ」という言葉はポルトガル語。

社会現象を経て定番になった**タピオカミルクティー**

　タピオカミルクティーは、「タピオカパール」と呼ばれるもちもち
とした食感の粒が特徴的な、台湾発祥のミルクティーです。台湾で
は、昔からお茶をアレンジして飲む文化があり、1980年代に台湾で
考案されたタピオカミルクティーもその一つと考えられています。
日本では、1990年代前半、2000年代前半、2018〜2019年にかけて
と、これまでに3度のタピオカブームが到来しました。第3次タピ
オカブームは、LCC（格安航空会社）就航により台湾への旅行が身
近になったことと、SNSに映えるドリンクだったことが流行の要因
といわれています。現在は、専門店以外でも気軽にタピオカミルク

【左】黒糖が染み込んだタピオカパール。【右】キャッサバの根茎と粉末状にしたもの。痩せた土地でも容易に栽培できることから、アフリカ地域で多く生産されている。

ティーを飲める店が増え、定番のドリンクとなりました。

　そもそもタピオカとは、南米原産のイモの一種、キャッサバの根茎から作られるデンプンで、タピオカパールのほか、お菓子や麺類などの食感調整のために使用されます。本来の色は白く、黒いタピオカパールはカラメル色素や黒糖で着色して作られています。ミルクティーは砂糖を多めに入れて甘くするのが一般的ですが、店によってはウーロン茶やプーアル茶でミルクティーを作ったり、黒糖シロップや果肉入りのフルーツソースを入れたりと、さまざまなバリエーションがあります。

　炭水化物であるタピオカはカロリーが高いので、ヘルシーに飲むには、牛乳をアーモンドミルクや無脂肪ミルク、豆乳に置き換えるのがおすすめです。

BUBBLE MILK TEA タピオカミルクティー	
アレンジティー	
原料 紅茶、ミルク、タピオカ、黒糖	
カフェイン あり	発祥地 台湾

血行が促進されて、身体
が温まる効果も。

インド生まれのスパイシーなマサラチャイ

　チャイとマサラチャイの違いは何でしょうか。本来、「チャイ」と
はヒンディー語で「茶」を意味する言葉ですが、インドでは甘く煮出
したミルクティーを指し、「マサラ」はさまざまな香辛料を混ぜ合わ
せたものを指します。つまり、スパイス入りのミルクティーの正式
名はマサラチャイなのです。

　マサラチャイは、鍋に水とスパイスを入れ、次に紅茶の茶葉を入
れて沸騰させ、最後に牛乳と砂糖をたっぷり入れて沸騰直前まで温
度を上げて作ります。使うスパイスは家庭によって異なりますが、ショ
ウガのほか、カルダモンやシナモン、クローブなどが一般的です。

【左】鍋ややかんで紅茶とスパイスを煮出し、ミルクと砂糖を入れてさらに煮出して作られる。【右】ヨーロッパやアメリカでは冷たいマサラチャイもよく飲まれる。

MASALA CHAI
マサラチャイ

スパイスティー

原料 紅茶、ミルク、ショウガ、カルダモン、シナモン、クローブなど	
カフェイン **あり**	発祥地 **インド**

インドでは、何千年も前からスパイス入りの飲み物が飲まれていましたが、紅茶は含まれておらず、あくまで民間医療の治療薬という位置付けでした。このスパイス飲料のレシピに初めて紅茶が加えられたのは、19世紀。しかし、紅茶は輸出品であり、インド人にとって大変高価なもの。そこで、輸出の規格から漏れた細かいほこりのような「ダストティー」と呼ばれる茶葉を使い、おいしく飲むために生まれたのが、砂糖とミルクを加えたチャイでした。チャイが誕生すると、北インドではすぐにマサラチャイも飲まれるようになりました。さらに、20世紀初頭にインド茶協会がインド国内における紅茶の消費促進のためにマサラチャイを紹介すると、広く一般に広まり、現在では世界中で飲まれています。

「キーサン」と呼ばれるグラスで飲む。

モロッコの甘いミントティー、アッツァイ

　モロッコの人々は、食事と一緒に「アッツァイ」と呼ばれるミント
ティーを欠かさず飲みます。アッツァイは、中国産の緑茶に生のミ
ントと砂糖を加えて煮出したモロッコならではのお茶で、一般に北
部地域の方が、より甘くして飲む傾向があります。

　モロッコには、元々ミントの葉を煎じて飲む習慣がありましたが、
18世紀にイギリスから中国茶が持ち込まれると、中国茶にミントを
加えて飲むようになりました。さらに、ゲストの前でお茶を準備し
てもてなす、ティーセレモニーの文化も形成されました。アッツァ
イの淹れ方は地域によって異なりますが、注ぐ際はグラスから30cm

【左】市場に並ぶアッツァイに使われる金属製のポット。【右】丸められた茶葉が特徴的な平水珠茶。日本ではなかなか手に入らない。

ほどの高さまでポットを掲げて注ぎます。また、ミントと砂糖が満遍なく混ざるように、グラスに注いではポットに戻すという作業を大体3回は繰り返します。腕力も必要であることから、女性よりも男性の方がお茶を淹れるのが上手い傾向にあるといわれています。

MOROCCAN MINT TEA アッツァイ	
アレンジティー	
原料 緑茶、砂糖、ミント	
カフェイン あり	発祥地 モロッコ

使用する茶葉は、中国・浙江（せっこう）省で生産されている「平水珠茶（へいすいじゅちゃ）」という緑茶で、その見た目から英語で「火薬」を意味する「ガンパウダー」の愛称でも親しまれています。独特の香りと強いコクのある茶葉ですが、ミントとの相性は抜群。無糖で飲むことはあまりなく、砂糖を入れることでまろやかさが加わって、飲みやすくなります。ミントには消化を助ける効果があるので、脂っこい食事の後やリラックスしたいときにおすすめです。

BUKUBUKUCHA -ブクブク茶-

まるでシロップをかける前
のかき氷のような見た目。

琉球王朝時代から飲まれる沖縄伝統の**ブクブク茶**

　大きなお碗に泡がこんもりと乗ったブクブク茶。沖縄県那覇市で
飲まれているお茶で、茶筅でお茶を泡立てる「振り茶」の一種です。
炒り米を煮出したお湯とさんぴん茶を混ぜて泡立て、その泡をお茶
と少量の赤飯の入ったお碗に盛り、砕いたピーナッツを振りかけて
いただきます。泡を立てて飲むお茶には、富山県と新潟県糸魚川周
辺地域の「バタバタ茶」、島根県出雲地方の「ぼてぼて茶」などがあり
ますが、ブクブク茶ほど泡立てる習慣はないそうです。また、沖縄
の水は硬度が高いため、泡立てやすく、崩れにくい泡になります。
　起源は定かではありませんが、16世紀の琉球王朝では、客人をも

【左】茶筅で泡立てる様子。沖縄の水は硬度が高いため、泡立てるのに適している。【右】沖縄のシンボル、首里城。琉球王国の政治や外交の中心地だった（写真は2019年の火災前）。

てなすために原型となるお茶が作られていたといいます。明治以降は、主にお祝いの席に出される縁起の良いお茶として、那覇の女性を中心に親しまれていました。第二次世界大戦後、この風習は一時途絶えましたが、1980年頃に有志によって復元され、現在では多くの飲食店でブクブク茶を楽しむことができます。

　ユニークなのは見た目だけではなく飲み方も同様で、お椀を両手で持ち、泡とお茶を同時にすすって飲みます。泡が少なくなったら、お茶と赤飯をすすり、お椀に残った泡を指ですくって口に運びます。箸やスプーンは使わずにいただくのがコツ。また、近年はさんぴん茶のほかに、ウコン茶やゴーヤ茶、ハーブティーやコーヒーなど、さまざまな味で楽しまれています。

BUKUBUKUCHA ブクブク茶	
振り茶	
原料	さんぴん茶、炒り米湯、 赤飯、ピーナッツ
カフェイン あり	発祥地 日本・沖縄

「チャーイェン」とは、タイ語で「タイのお茶」を意味する。

THAI TEA - チャーイェン -

オレンジ色のミルクティー、チャーイェン

　タイ発祥のオレンジ色のミルクティー、チャーイェン。特徴的な色は、マメ科の果物タマリンドの種子から得られる赤褐色の色素によるもので、コンデンスミルクを使ったミルクティーに、オレンジの花やバニラ、八角(スターアニス)、シナモンなどのスパイスで風味付けされています。年間を通して気温の高いタイでは、冷たく甘い飲み物が好まれる傾向にあります。そのためチャーイェンは、タイにおいて非常にポピュラー。ほとんどの場合、街頭のカートや屋台で売られており、グラスやビニール袋で提供されています。

　中国からタイにお茶が伝わったのはアユタヤ王朝時代で、当時は

【左】抹茶ベースとチャーイェンベースのタピオカティー。【右】セイロンティーまたはタイ北部で生産されるアッサム種の茶葉を使用し、濃く煮出して作る。

最初に氷砂糖を口に入れ、次に熱いお茶を口に含むという変わった飲み方だったそうです。20世紀に入ると、コンデンスミルクを使ったミルクティーが飲まれるようになりましたが、あまり一般的なものではありませんでした。しかし、1949年に中国の内乱から逃れてきた中国国民党の残党がタイに定住すると、タイのお茶文化は大きく発展しました。また、西洋の文化や習慣を好んでいた当時の指導者に合わせて、シェフがミルクティーをアレンジした結果生まれたのがチャーイェンといわれています。

現在では、世界中のタイ料理レストランでチャーイェンを味わうことができるので、試してみてはいかがでしょう。辛いタイ料理を食べた後に、デザート感覚で飲むのがおすすめです。

THAI TEA チャーイェン	
アレンジティー	
原料	紅茶、コンデンスミルク、オレンジの花、バニラ、八角、シナモン
カフェイン あり	発祥地 タイ

抹茶と茶筅。茶筅は抹茶をたてるのに欠かせない茶道具の一つ。

スイーツでも人気の世界中で愛される抹茶

　海外では、ここ数年で英語の「Green Tea」から日本語のまま「Matcha」と呼ばれるようになり、お菓子やアイスクリームの定番の味となりつつある抹茶。そもそも抹茶とは、どんなお茶かご存じでしょうか。抹茶は、少なくとも20日以上被覆栽培をし、茶葉を揉まずに乾燥させて作るお茶——いわゆる「碾茶」を石臼などで粉末にしたものです。茶葉そのものを摂取できるので、カテキンやテアニンはもちろん、水に溶けにくいβ-カロテンやビタミンE、食物繊維など、栄養素を余すところなく摂取できるというメリットがあります。

　お茶が中国から日本へ伝えられたことはよく知られていますが、

【左】抹茶のほろ苦さとミルクのまろやかな風味がおいしい抹茶ラテ。【右】抹茶アイスや抹茶ゼリーなどが入った抹茶パフェ。

MATCHA 抹茶	
日本茶	
原料	チャノキ
カフェイン あり	発祥地 日本

抹茶の祖ともいえる「挽茶(ひきちゃ)」も中国から伝えられたものでした。挽茶は、粉末の茶葉をお湯の中に入れかき混ぜて飲むお茶で、最初は禅寺や武家社会を中心に広まりました。その後、千利休らによって「茶の湯[*1]」が大成すると庶民にもお茶が身近なものになり、青製煎茶製法[*2]の発明や茶臼の改良によって、現在の姿と同様の抹茶が誕生しました。今日、抹茶は茶道のみならず、さまざまに形を変えながら、世界で認知されるお茶となっています。

　日本でも人気の抹茶スイーツですが、海外では抹茶専門店が登場するほど注目が集まっており、まだまだ抹茶ブームは続きそうです。とはいえ、茶葉の消費量は右肩下がりなのが現状。たまには、加工されていない抹茶本来の味を味わってみてはいかがでしょうか。

＊1　茶道の茶会や茶事のこと　＊2　蒸した茶葉を揉みながら加熱・乾燥させる製法

「ユジャ」は韓国語で「ユズ」を意味する。

レモネードのような甘酸っぱさのユジャ茶

　韓国では、ユズの果皮を砂糖やはちみつに漬けたものを「ユジャチョン」と呼び、これをお湯で溶かして飲む「ユジャ茶」という伝統茶があります。お茶というよりホットレモネードに近く、爽やかなユズの香りと甘酸っぱい味が特徴で、美容や健康に良いお茶として古くから親しまれています。なお、日本にもユズを使った飲み物がありますが、果肉と果汁をそのまま使うことが多く、砂糖漬けのユズを使うユジャ茶とは異なります。

　ユズは、中国原産のミカン科の常緑小高木で、韓国へは新羅時代に伝来したといわれています。ユジャ茶が飲まれるようになったの

【左】夏バテ予防や疲労回復に最適なアイスユジャ茶。【右】ユズの果実。韓国では済州（チェジュ）島や全羅南道高興（チョルラナムドコフン）郡などで栽培されている。

は13世紀より前のことで、当初はユズの葉を風邪薬として用いていましたが、葉には苦味があるため、葉を砂糖とはちみつで保存するようになったのがユジャ茶の始まりといわれています。

ユズには、ビタミンC・E、クエン酸などの栄養素が豊富に含まれており、メラニン色素の沈着を防ぎ、シミやそばかすの予防に効果的といわれています。また、風邪予防や疲労回復、消化促進なども期待できます。

YUJA TEA ユジャ茶	
茶外茶	
原料 ユズ、砂糖、はちみつ	
カフェイン なし	発祥地 韓国

ジャムタイプのほか、粉末やティーバッグ、ポーションなどのタイプがあり、冬はホット、夏はアイスと年中楽しめます。また、使い切れなかったユジャチョンは、ヨーグルトやアイスクリームのソースのほか、お菓子や料理の風味付けとして使うことができます。

ヒョウタンでできている
伝統的なマテ茶の茶器。

マテ茶は南米の人々に欠かせない「飲むサラダ」

　マテ茶の原料であるイェルバ・マテは、アルゼンチン、ブラジル、パラグアイに隣接するイグアスの滝周辺に自生するモチノキ科の樹木。この地域の土壌は「テラロッサ」と呼ばれる火山溶岩流が風化して形成された赤土で、鉄やカルシウムを豊富に含んでいるのが特徴です。マテ茶は多量のミネラルのほか、ビタミンや食物繊維、クロロフィルを豊富に含むことから「飲むサラダ」と呼ばれ、南米の一般家庭の飲み物として広く親しまれています。その名は、ヒョウタンの茶器にマテ茶を入れ、「ボンビージャ」と呼ばれるフィルター付きストローで飲む習慣から、スペイン語でヒョウタンを表す「マテ」の

【左】イェルバ・マテの葉。学名には「パラグアイ」を意味する「paraguariensis」が付く。
【右】上空から見たイグアスの滝。イェルバ・マテは、この辺りに自生する。

名が付いたとされます。

　マテ茶の起源は定かではありませんが、先コロンブス期にパラグアイの先住民グァラニ族が飲み始めたのが始まりといわれています。17世紀にはスペイン人の入植者たちの間で飲まれるようになり、やがてブラジルやアルゼンチン、チリなどほかの南米各地でもイェルバ・マテの栽培が広がりました。

　日本茶の緑茶とほうじ茶のように、マテ茶にも焙煎の有無によって「グリーン・マテ」と「ロースト・マテ」があります。焙煎していないグリーン・マテ茶はほんのり青臭さがあるものの、すっきりとした味わい。一方のロースト・マテ茶は、ほうじ茶のような香ばしい風味を堪能することができます。

MATE マテ茶	
茶外茶	
原料 イェルバ・マテ	
カフェイン あり	発祥地 パラグアイ

OMIJA TEA -オミジャ茶-

その日の体調によって
感じる味が違うという。

酸味・苦味・甘味・辛味・塩味を楽しむオミジャ茶

　日本ではまだあまり認知度の高くないオミジャ茶。漢字で「五味子茶」と書く通り、5つの味「酸味」「苦味」「甘味」「辛味」「塩味」を感じられる韓国の伝統的なお茶で、特に甘味と酸味が強く感じられます。原料は、マツブサ科のつる性の低木チョウセンゴミシの果実で、秋に房状に実る5〜7mmほどの赤い果実を乾燥させて用います。ゴミシの果実は、薬名「五味子」として古くから漢方にも使用されており、咳や痰を鎮める作用があることから、気管支炎や喘息の治療、滋養強壮を目的とした処方に配合されます。

　オミジャ茶には非常に多くのビタミンC・Eが含まれているため、

【左】ゴミシの砂糖漬けシロップをオミジャ茶に使う場合、漬けてから100日頃が飲み頃。
【右】花期は5〜6月で、晩秋に赤い果実を付ける。

シミやそばかすを防ぐ美肌効果や疲労回復効果が期待できます。また、血行促進にも効果があるといわれているので、肩凝りや冷え性の症状にお悩みの方にもおすすめのお茶です。

　飲み方は、水出し用のポットに乾燥させたゴミシを一晩浸し、砂糖やはちみつを加えて飲む方法が一般的ですが、生のゴミシを砂糖漬けにしたものをお湯などで薄めて飲む方法や、粉末にした乾燥ゴミシをお湯や水で溶かして飲む方法もあります。冷たく冷やしてもホットでも、どちらでもおいしくいただけますが、沸騰させると茶色くなり苦味が出るので、決して煮出さないようにしましょう。また、冷たいオミジャ茶にナシやスイカなどを浮かべた宮廷料理「オミジャファチェ」もおすすめです。

OMIJA TEA オミジャ茶	
茶外茶	
原料	チョウセンゴミシ
カフェイン　なし	発祥地　韓国

チャイバルダックに
淹れたリゼティー。

トルコでは2段重ねのポットで淹れるリゼティー

　トルコで紅茶は「チャイ」の名称で親しまれており、紅茶の年間消費量は世界一ともいわれています。特に社交の場において、チャイは欠かせないものの一つで、2022年には「アイデンティティ、もてなし、社会的交流の象徴」として、トルコの紅茶文化がユネスコの無形文化遺産に登録されました。特徴は、「チャイダンルック」と呼ばれる2段重ねのポットを使うことで、下のポットでお湯を沸かし、上のポットで濃いめの抽出液を作ります。飲むときは、上のポットから「チャイバルダック」というガラス製のチャイグラスに適量を注ぎ、お湯を足して好みの濃さにして飲みます。なお、チャイダンル

【左】リゼティーのお茶請けといえば、伝統的なお菓子「ロクム」。【右】トルコ北東部に位置するリゼの茶園（klenger / Shutterstock.com）。

ックがない場合は、ポットを2つ用意することで代用できます。

　トルコで飲まれる紅茶のほとんどは、トルコ北東部のリゼ地方で生産されています。リゼで紅茶の本格的な栽培が始まったのは1950年代と、紅茶の歴史は長くありません。しかし、黒海沿岸に位置するリゼは1年を通して降水量が多く、温暖な気候

RIZE TEA リゼティー	
紅茶	
原料 チャノキ	
カフェイン あり	発祥地 トルコ

が紅茶の栽培に非常に最適な土地だったことから、トルコの紅茶文化を支える存在になりました。

　リゼティーはブロークンタイプの茶葉が主流で、鮮やかな色と深い香り、渋味とコクがあるのが特徴。また、ほかの紅茶に比べてカフェインは少なめです。トルコ国内での消費が大きいため、日本に出回っているのはアールグレイなどのフレーバーティーが中心です。

SEVEN LAYER TEA - 七層茶 -

値段はバングラデシュで飲む普通の紅茶の約10倍する（Shvzvx / Shutterstock.com）。

7つの色と味が楽しめる秘伝レシピの七層茶

　まるで地層のような見た目をしている七層茶は、別名「セブンカラーティー」と呼ばれ、バングラデシュではポピュラーなお茶です。その名の通り7つの層になっており、ジンジャーティーや緑茶、レモンティーなど、7つの味の違いが楽しめます。考案したのは、バングラデシュ北東部に位置する町、スリモンゴルのカフェのオーナー。ブレンドによって比重が異なることを発見してから、七層茶が完成するまで何年もかかったといいます。原材料は、バングラデシュ産の紅茶3種類と緑茶、さまざまなスパイスとミルクですが、レシピは極秘のため非公開となっており、店で働く家族だけがキッチ

【左】シレット管区スリモンゴルでの茶摘み風景（Jahidul-hasan / Shutterstock.com）。
【右】バングラデシュの茶葉で作ったミルクティー。

SEVEN LAYER TEA 七層茶	
アレンジティー	
原料 紅茶、緑茶、ミルク、ショウガ、レモン、スパイスなど	
カフェイン あり	発祥地 バングラデシュ

ンに入ることを許されています。

バングラデシュでは、イギリス植民地時代の1840年頃に紅茶の栽培が始まり、1950年代になってから庶民が紅茶を楽しむようになりました。茶葉はアッサムに近いコクがあるため、当初はもっぱらミルクティーが飲まれていましたが、近年はレモンティーやマサラチャイなども人気があり、現在のバングラデシュ人にとって、紅茶は日々の生活に欠かせない飲み物になっています。七層茶も、バングラデシュ人が紅茶をもっと楽しむためのアイデアの一つとして生まれた飲み物といえます。家庭で七層茶を再現するのは難しいかもしれませんが、砂糖をたっぷり入れたアイスティーの上にゆっくりと牛乳を注げば、セパレートの美しい二層茶を作ることができます。

BUTTER TEA -バター茶-

身体を温める効果もある。

チベットとネパールで飲まれるバター茶

　ミルクティーのような見た目とは異なり、塩味の効いた個性的な味をしているバター茶。チベットやブータンなどのアジア中央部で伝統的に飲まれているお茶で、チベット語では「撹拌」を意味する「スージャ」という名称で親しまれています。クセがあるので好みが分かれますが、スープ感覚で飲むと意外とおいしくいただけます。

　バター茶は、黒葉を煮出し、ヤクのバターや塩、ミルクなどを加え、「ドンモ」と呼ばれる専用の器具を使って撹拌して作ります。持ち運びに便利な「磚茶」という固形の黒茶を使ったり、通常のバターよりも常温で長期間保存が可能な澄ましバターを使ったりと、遊牧

【左】れんが状に固形化して作られた磚茶。【右】ドンモを持つチベットの女性（Hung Chung Chih / Shutterstock.com）。

民ならではの工夫が多く見られるお茶で、乾燥地帯で失われがちな脂肪分と塩分を効率的に補給することができます。

　チャノキの栽培に適さないチベットでは、唐代に栄え始めた「茶馬古道」が茶文化の発展に大きな役割を果たしました。茶馬古道は、雲南省とチベットを結ぶ交易路で、磚茶はラバの背に乗せられチベットへと運ばれていました。現在も茶葉は中国から輸入しており、なかでも四川省雅安産の「蔵茶」はバター茶の茶葉として好まれています。蔵茶は、黒茶のなかでも最も古い歴史を持つお茶で、ほのかな甘味と穏やかな口当たりが特徴。ほとんどがチベットで消費されるため、なかなか見かけることのない希少なお茶ですが、バター茶としてではなく、そのまま飲むのもおすすめです。

BUTTER TEA バター茶	
アレンジティー	
原料 黒茶、バター、ミルク、塩	
カフェイン あり	発祥地 チベット

金属製のホルダーが付いた
伝統的なグラス。

濃い紅茶にジャムを添えたロシアンティー

　日本では、紅茶にジャムを入れてから飲むスタイルが「ロシアン
ティー」として知られていますが、紅茶を一口飲み、ティースプー
ンでジャムを口に入れて味わって飲むのが本来の飲み方です。また、
この飲み方はロシアの一部の地域でしか見られません。

　ロシアの茶文化の象徴といえば、金属製の湯わかし器「サモワー
ル」です。上にはティーポットを乗せることができ、下からの蒸気
で上の紅茶を蒸らしますが、紅茶は非常に濃く抽出されるため、サ
モワールのお湯で割って飲みます。しかし、それでも渋味や苦味が
強いので、砂糖やジャムが欠かせないものになったそうです。また、

【左】ロシアの老舗磁器メーカー、グゼル社の磁器製サモワール。【右】小さなリング状のパン「スシキ」。クラッカーのような感覚でジャムと一緒に食べる。

テーブルの中心にサモワールを置き、ケーキやパイ、ビスケットなどさまざまなお茶請けを並べるスタイルは、18世紀に生まれました。庶民の間で紅茶が飲まれるようになったのは19世紀後半で、サモワールは当時の労働者の月給と同じぐらいの値段だったそうです。

なお、イギリスではレモンティーのことを「ロシアンティー」と呼びますが、これは19世紀末にヴィクトリア女王がロシアを訪れた際に、当時ロシアで飲まれていたレモンティーを気に入り、イギリスに伝えたことが由来といわれています。また、アメリカで「ロシアンティー」といえば、紅茶にオレンジジュース、シナモン、クローブを加えたクリスマスシーズンに飲まれる飲み物のことを指しますが、ロシアとの関連はないといわれています。

RUSSIAN TEA ロシアンティー	
紅茶	
原料 チャノキ	
カフェイン あり	発祥地 ロシア

ぶくぶくの泡が消える
までにいただく。

テタレはぶくぶく泡が特徴の甘いミルクティー

　「テタレ」または「テータリック」は、マレーシアを中心に東南アジア諸国で親しまれているミルクティー。通常のミルクティーとは違い、牛乳の代わりにコンデンスミルクを加えるのが特徴で、まろやかで濃厚な味わいとなります。また、出来立てはぶくぶくと泡が立っているのも特徴の一つ。マレー語で「タレ」は「引っ張る」を意味し、2つの容器に入ったお茶を高所から繰り返し注ぎ入れて混ぜる動作に由来しています。マレーシアでは、各地でテタレの技術を競い合う競技会や、パフォーマンスショーが開催されています。

　テタレの起源は、第二次世界大戦後にマレー半島へ渡ったイスラ

【左】2つの容器を使ってテタレを作る様子。この作業により泡立つ（Napaporn Siwakul / Shutterstock.com）。【右】マレーシアの平たいパン「ロティチャナイ」と共に。

ム教徒のインド系移民が、ゴム農園の入り口にテタレの屋台を出したのが始まりといわれています。紅茶には、「ダスト」と呼ばれる細かく砕かれた茶葉が使われ、苦味を緩和するためにコンデンスミルクが加えられました。なぜ牛乳ではなくコンデンスミルクだったのかというと、常温で長期保存が可能という理

PULLED TEA テタレ	
アレンジティー	
原料 紅茶、コンデンスミルク	
カフェイン あり	発祥地 マレーシア

由からでした。テタレは、農園で働く移民に向けた飲み物でしたが、やがて人種や国籍に関係なく人気の飲み物になったそうです。

　テタレはホットで飲むほか、ショウガ風味やはちみつ入りの冷たいテタレ、紅茶とコーヒーを混ぜたテタレなど、さまざまなバリエーションがあります。マレーシアに行った際は、色々試してみるとよいでしょう。

鮮やかな緑色と抹茶の
ほのかな香りが楽しめる。

デザート感覚で楽しむグリーンティー

「緑茶」は英語で「グリーンティー」と言いますが、日本では甘くて
冷たい「グリーンティー」を指します。グリーンティーは、関西を中
心に飲まれている、抹茶とグラニュー糖を混ぜた飲み物です。いろ
いろなメーカーから販売されていますが、元祖といわれているのは、
享保年代より続く京都の老舗茶屋「一保堂茶舗」。昭和初期に、一保
堂茶舗の番頭が夏でもお茶を楽しんでほしいという思いで考案し、
以来、京都において夏の定番の飲み物になりました。商品名の「宇
治清水」という名称でも親しまれています。

作り方は、150mlの水にグリーンティーの粉を大さじ1.5杯溶かす

【左】抹茶味のカップケーキにグリーンティーの粉をかけて。【右】京都ではドリンクスタンドで手軽に購入できる。

SWEET GREEN TEA グリーンティー	
アレンジティー	
原料 抹茶、砂糖	
カフェイン あり	発祥地 日本・京都

だけ。当然、茶筅などは必要なく、飲みたいときに手軽に作ることができます。氷水に溶かして飲むほか、牛乳に溶かせば抹茶ラテ風のまろやかな味わいになります。また、かき氷やアイスクリーム、ヨーグルトにさっと振りかけて抹茶風味にするのもおすすめ。そのほか、焼き菓子を作る際に砂糖の代わりに使用するなど、さまざまな活用法と楽しみ方があります。

なお、静岡県にはグリーンティーにシナモンの隠し味を入れた「ウス茶糖」と呼ばれる飲み物があります。名前の「ウス茶」は味が薄いという意味ではなく、一般的に飲まれている抹茶のこと。また、あられ入りの「ウス茶あられ」は、ホットで飲むことを前提に作られており、冬の寒い日におすすめです。

COCA TEA - コカ茶 -

「コカ」とは、アンデスの先住民族の言葉で「木」を意味する。

日本では飲めないコカノキが原料のコカ茶

　ペルーやボリビアでは「マテ・デ・コカ」と呼ばれ、日常的に飲まれているコカ茶。原料は、南米原産のコカノキ科の低木樹コカノキの葉ですが、このコカの葉には、中枢神経系を刺激する成分が含まれており、コカインの原料にもなっています。そう聞くと身体に悪そうな気がしますが、じつは、コカの葉にはカルシウムやリン、鉄、ビタミンA・B2などが豊富に含まれています。アンデスの先住民の間では、紀元前10世紀より万能薬としてコカの葉を噛む習慣があり、また、インカ文明の時代には、薬用や強壮剤、宗教儀式などに使用されていました。

【左】コカインと比較すると、コカの葉の依存性や精神作用は弱いという。【右】売店に並ぶコカの葉(Ivan_Sabo / Shutterstock.com)。

　コカ茶は、乾燥させたコカの葉を煮出して作ります。水色は緑がかった黄色で、緑茶のような苦味とほんのりとした甘味があり、多くの場合は砂糖を入れ甘くして飲みます。高山病に効くお茶として知られ、標高3400mに位置するペルーの都市クスコでは、ホテルなどでコカ茶がサービスされる場合も珍しくありません。また、胃痛や消化不良、関節炎などにも効果があるといわれています。

　コカ茶を飲むことは、アンデス地方の貴重な文化体験になりますが、飲み過ぎると中毒になる可能性があるので、注意しましょう。また、ボリビアでは街のあちこちでコカの葉が販売されていますが、日本を含むほとんどの国で麻薬原料植物に定められているので、持ち出すことは絶対にやめましょう。

COCA TEA コカ茶	
茶外茶	
原料 コカノキ	
カフェイン あり	発祥地 ペルー、ボリビア

見た目に反して、
カフェインは多め。

香港と英国の文化が融合した 香港式ミルクティー

　一般的なミルクティーは、紅茶に牛乳を加えますが、香港式ミルクティーは、濃いめの紅茶にエバミルク(無糖練乳)が入っており、なめらかな口当たりと非常に濃厚な味わいが特徴です。

　香港式ミルクティーが誕生したのは、イギリス植民地時代のこと。ミルクティーを飲む習慣はイギリス人によって持ち込まれましたが、香港には牧場がなく、新鮮な牛乳を入手するのが困難でした。そこで、1885年に発明されたエバミルクが使われるようになると、この独自のミルクティーは徐々に広まっていきました。現在では、年間約9億杯も飲まれる、香港の人々にとって欠かせない存在になって

【左】亜熱帯の香港ではアイスミルクティーも人気。【右】バターを挟んだパイナップルパン「菠蘿包（ポーローパーウ）」と一緒にいただく。

います。

　香港式ミルクティーにはカフェやレストランごとに独自のレシピがありますが、一般的にはセイロン系の茶葉を中心に複数の茶葉をブレンドし、ぐつぐつと煮出して作ります。複雑な味を出すため、プーアル茶をブレンドするお店も少なくないそう。茶葉を漉すのに使われるのは木

HONG KONG-STYLE MILK TEA 香港式ミルクティー	
アレンジティー	
原料 紅茶、エバミルク	
カフェイン あり	発祥地 香港

綿のろ過袋で、見た目がシルクストッキングに似ていることから、「ストッキングミルクティー」という愛称で呼ばれることもあります。この独特な作り方は、2017年にユネスコの無形文化遺産に登録され、西洋と東洋の文化の融合と発展の象徴として評価されています。自宅で作るのは難しいですが、インスタントならお湯で溶かすだけなので、香港のお土産としてもおすすめです。

香港式ミルクティーの派生
ともいえる鴛鴦茶。

紅茶とコーヒーをミックスさせた鴛鴦茶

　紅茶にするか、コーヒーにするか、よく迷われる方も多いのではないでしょうか。香港で一般的に飲まれている鴛鴦茶（えんおうちゃ）は、紅茶とコーヒーを混ぜ合わせた飲み物で、優柔不断な方には最適な飲み物かもしれません。砂糖とエバミルクを加えて飲むことが多く、コーヒーの香りとミルクティーのまろやかさを同時に楽しむことができます。また、どちらにも優れた健康効果があるため、それらを同時に得られるのもうれしいポイントです。なお、「鴛鴦」とは広東語で「オシドリ」を意味し、中国では、おしどり夫婦のごとく相性の良いペアや、2つで一つになるものに鴛鴦の名を冠することがあります。

【左】香港の中環（セントラル）にある蘭芳園（Ivan_Sabo / Shutterstock.com）。【右】程よい酸味と苦味、香ばしい香りが楽しめる。

　鴛鴦茶の起源は定かではありませんが、一説によると、1952年創業の屋台「蘭芳園」の店主が香港式ミルクティーとコーヒーを7：3の割合で混ぜ合わせたのが始まりといわれています。当初、鴛鴦茶は屋台を中心に飲まれていましたが、今では街中のレストランやカフェで飲むことができます。また、通称「兒童鴛鴦茶」と呼ばれる子ども向けのノンカフェインタイプや、エバミルクの代わりにコンデンスミルクを使った「鴦走」など、さまざまなバリエーションも生まれました。

　鴛鴦茶は、紅茶とコーヒーを混ぜるだけなので、家庭でも簡単に作ることができます。コーヒーと紅茶の割合や、砂糖とミルクの有無によって味が変わるので、いろいろと試してみるとよいでしょう。

YUENYEUNG	
鴛鴦茶	
アレンジティー	
原料	
紅茶、コーヒー	
カフェイン	発祥地
あり	香港

黒糖を加えずに煮込んだ
冬瓜茶もある。

夏の火照った身体を冷ます台湾で人気の冬瓜茶

　台湾でポピュラーな冬瓜茶（とうがんちゃ）は、トウガンの果実を黒糖と一緒に甘く煮込んだお茶です。トウガンは熱帯アジアを原産とするウリ科のつる性植物で、夏に収穫した果実が冬まで日持ちすることから、その名が付きました。日本では煮物や炒め物などに使われますが、台湾やベトナムでは、お菓子や砂糖漬けなど、甘く加工して使われます。

　冬瓜茶は清朝統治時代に作られ始め、100年以上の歴史があります。原料のトウガンは、「大白冬瓜」と呼ばれる大型種ですが、なかには20kgを超える巨大果もあり、生産量も多いことから短期間で消費するのは容易ではありませんでした。そこで考案されたのが、冬

【左】トウガンの果実は柔らかく、淡白な味わい。【右】缶飲料として販売されている冬瓜茶（Seika Chujo / Shutterstock.com）。

WINTER MELON TEA	
冬瓜茶	
茶外茶	
原料	
トウガン、黒糖	
カフェイン	発祥地
なし	台湾

瓜茶です。トウガンは価格が安く、入手もしやすいことから、このアイデアは飲食店のみならず、家庭にまで広まりました。また、トウガンには、解熱や利尿作用があることが知られており、夏バテ対策や疲労回復に効果的な飲み物としても長く親しまれています。

　自家製冬瓜茶の作り方は、とても簡単。まず、トウガンの皮をむき、ワタと種子を取り除いたら、短冊状に切ります。トウガンと全体の半量の黒糖を鍋に入れ、30分ほど置きます。鍋を火にかけ、ドロドロになるまで1時間ほど煮詰めたら出来上がり。ジャム状のトウガンを大さじ1杯お湯で溶かして飲みます。牛乳を入れるとマイルドな味わいになり、飲みやすくなります。手軽に試してみたい方は、缶飲料もおすすめです。

通常のアップルティーとは味が大きく異なる。

リンゴ本来の豊かな風味を楽しむ**エルマチャイ**

　トルコを旅行していると、さまざまなシーンで振る舞われるエルマチャイ。エルマチャイとは、リンゴのハーブティーのことで、「エルマ」とはトルコ語で「リンゴ」を意味します。じつは、トルコは世界でも有数のリンゴ生産国で、およそ8000年前の炭化したリンゴが発見されるほど、古くからリンゴが栽培されています。

　エルマチャイは、その名の通りリンゴを使ったお茶ですが、茶葉の有無を含めてブレンドするものに決まりはありません。一般的によく飲まれている組み合わせは、乾燥させたリンゴのスライスと紅茶、クローブで、このほかに、ブラックベリーリーフやハイビスカ

【左】乾燥したリンゴのスライス。人工香料とは異なり、リンゴ本来の甘い香りがする。
【右】リンゴの収穫風景。トルコではスターキング種の生産量が多い。

ス、シナモン、カルダモン、レモンなどがブレンドされる場合もあります。

　人工香料で風味付けされる通常のアップルティーに対し、エルマチャイは、リンゴ本来の豊かな風味を味わえるだけでなく、リンゴが持つ栄養素や健康効果も得られるというメリットがあります。例えば、リンゴには、ビタミンCやクエン酸、カリウム、ポリフェノールなどが豊富に含まれており、生活習慣病予防や疲労回復、むくみの予防や美肌効果などが期待できます。

　比較的新しいお茶なので歴史はあまり長くありませんが、観光客を中心に人気があり、インスタントの粉末タイプやティーバッグなどは、トルコの街中で購入することができます。

ELMA CHAI エルマチャイ	
アレンジティー	
原料	紅茶、リンゴ、クローブ、ハイビスカス、シナモン、カルダモンなど
カフェイン あり（茶葉を使用する場合）	発祥地 トルコ

219

⌐ Column 08 ¬

お茶請けがおいしくなるお茶選び

ワインの世界には「ペアリング」という言葉がありますが、
お茶の世界も、相性の良いお茶請けとお茶の組み合わせを知ることで、
両方をよりおいしくいただくことができます。
ここでは、おすすめのお茶請けとお茶の組み合わせを紹介します。

チョコレート　　　　　**煎茶**

基本的には日本茶なら何でも合いますが、おすすめは深蒸し煎茶。チョコレートの甘さと深蒸し煎茶の渋味が相性抜群です。

その他のおすすめのお茶
• 抹茶
• アールグレイ

シュークリーム　　　　**ほうじ茶**

生クリームやバターをたっぷり使った甘いスイーツと、香ばしくさっぱりしたほうじ茶は定番の組み合わせ。

その他のおすすめのお茶
• 玄米茶
• アッサム

せんべい　　　　　**番茶**

香ばしいしょうゆ味のせんべいには、さっぱりとした口当たりの番茶がおすすめ。お客様をもてなすときは煎茶がよいでしょう。

その他のおすすめのお茶
• 煎茶
• 玄米茶

お茶請けとは？

お茶と一緒に出すお菓子のことですが、お茶請けの「請け」には、「お茶を支える」「お茶を引き立てる」という意味があります。また、カフェインやカテキンなど、胃を刺激するお茶の成分から守り、刺激を和らげるという役割も持っています。

どら焼き

ダージリン

餡を使った和菓子の風味と調和するダージリン。どら焼きの甘味があるので、ダージリンに砂糖を入れる必要はありません。

その他のおすすめのお茶
- 煎茶
- ほうじ茶

シフォンケーキ

ハイビスカスティー

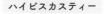

シフォンケーキなどのプレーンな焼き菓子には、酸味の強いハーブティーがおすすめ。ケーキにベリー系のジャムを加えても◎

その他のおすすめのお茶
- ローズヒップティー
- ミルクティー

ドライフルーツ

桂花茶

ドライフルーツと中国茶は定番の組み合わせ。フルーツの香りと桂花茶の芳醇な香りが合わさって、ゆったりとした気分に。

その他のおすすめのお茶
- ジャスミン茶
- カモミールティー

ドーナツ

ウーロン茶

甘いドーナツには、油脂分をさっぱりさせてくれるウーロン茶が相性抜群。寒い日には、ドーナツとホットウーロン茶でほっこりと。

その他のおすすめのお茶
- アイスティー
- ほうじ茶

お茶請けの出し方

お客様から見て、右にお茶、左にお茶請けを置き、カップの模様や絵柄はお客様の手前にくるようにします。出す順番は、お茶請けを先に出し、次にお茶を出します。おしぼりを置く場合は、お茶の右側に置きます。

索　引

暮らしを豊かに彩る
100種類のお茶

2023年7月21日　初版第1刷発行
2023年8月20日　初版第2刷発行

編著	お茶と暮らし研究会
編集	EDing Corporation
デザイン	梶間伴果

発行人	石井　悟
発行所	株式会社 自由国民社
	〒171-0033　東京都豊島区高田3-10-11
	電話　営業部　03-6233-0781
	編集部　03-6233-0786
	ウェブサイト　https://www.jiyu.co.jp/
印刷所	株式会社シナノ
製本所	新風製本株式会社